利用者の思いに気づく、力を活かす

「動き出しは本人から」の介護実践

大堀具視 編著

中央法規

はじめに
──当たり前のことを、当たり前に実践しよう

　「動き出しは本人から」とは、「生活」において当たり前のことを、介護が必要になった利用者にも当たり前に実践しようというものです。私たちは各々の身体状況や、取り巻く環境に応じて、少なからず自分から動いて生活しています。それは介護が必要な人も同じです。**ただ、動く量や質、動くことに要する時間が異なるだけです**。したがって、目の前の利用者にある小さな動きは生活を維持するための大切なものであることを認め、それに気づく視点が必要です。それには、私たち介護者が利用者と双方向の関係性を意識したかかわりが大切になります。

　介護とは、利用者と私たち介護者との間で繰り広げられるコミュニケーションのことだと思います。**感じ合い、察し合い、ゆずり合いながら、一つの目的に向かって協力することです。**

　もし、誰かとのコミュニケーションが、相手ばかりが話している一方通行なものであったとしたら、つまらないですし、不愉快な思いをするでしょう。会話が弾むときには、相手の話に耳を傾ける、話の腰を折らないなど、お互いを気遣うという当たり前のマナーが存在していると思います。相手の話を聞かずに自分も話し始めれば、会話は成立しませんし、相手の話を踏まえて応じなければ、会話は発展しません。

　「話」を「動き」に、「耳」を「目」に置き換えると介護におけるマナー、言わばかかわりの基本がよく見えてきます。つまり、相手の動きに目を向ける、**相手の動きを邪魔しないことが当たり前のマナーということになります。**

　介護だけでなく医療や福祉の専門職のように、他者とかかわる仕事をするうえで他者の話に耳を傾ける「傾聴」は当たり前のこととして、その重要性を否定する人はいないと思います。傾聴には、他者に寄り添う姿勢である共感や受容、支持といった態度が含まれます。それは、利用者が主体であることを意味する態度です。

　利用者の生活動作を支援する介護においては、利用者の話に耳を傾けるだけではなく、**利用者の「動き出し」に目を向けることで、利用者主体の介護に近づけることができると考えます。**身体と身体のコミュニケーションにおいて、他者に寄り添う姿勢とは、他者の動き出しから、その意味や意図に共感し、何かやろうとしているその動きを受容し、その動きを奪わないようさりげなく支援する。そうすることで、利用者本人が動きの主体であることを実感することができます。

言うまでもなく、生活する主体は利用者本人です。したがって、「動き出しは本人から」という当たり前の実践によって利用者が生活の主体者となり、私たちは主体者を支援する黒子となってかかわらせていただくという当たり前の構図ができあがります。**成功や失敗、喜びや悲しみは動きの主体者だけが経験できるものです**。そして、主体者であるときに頭や身体がはたらき、認知機能や身体機能が役割を果たし、それが生活動作という形で現れたとき、私たちはその人の能力を垣間見ることができます。

　「動き出しは本人から」というかかわりによって、私たちが利用者の能力に気づかされるばかりでなく、利用者も自分の能力に改めて気づく機会となります。他者とかかわるということはお互いに恐ろしいことですし、不安なことです。しかし、**「動き出しは本人から」という簡単なルールは利用者と私たち双方に最低限の安心をもたらし、お互いの能力を導き合う土台となります**。

　本書は、医療と福祉の現場にいる利用者と介護職員の皆さんとともに実践し、確信を得たかかわりの基本について紹介するものです。**誰でも実践可能な当たり前のことを、当たり前に実践することがいかに大切で効果のあることかを確認し、現場で使っていただくことを目的としています**。目次で気になる項目があればそこから読み始めていただくことができるようになっています。ご自身の介護を振り返る機会となり、また、何よりふだんの介護を通じて利用者の生活に活かされることがあれば幸いです。

2019年2月　大堀具視

はじめに ――当たり前のことを、当たり前に実践しよう

第1章　確認しよう、利用者とのかかわり

❶ 「介護が必要な人」というフィルターで見ると… ……………………………… **002**
　1　情報は先入観をつくる ……………………………………………………………… 002
　2　私たちの経験なんて、ほんのわずかなもの …………………………………… 002
　3　「介護が必要な人」というフィルターをはずしてみよう ………………… 003

❷ 適応している利用者を理解する ……………………………………………… **004**
　1　人には適応力がある ……………………………………………………………… 004
　2　適応とは「慣れ」のこと ………………………………………………………… 004
　3　「慣れ」は変化を嫌う …………………………………………………………… 005

❸ 「介護技術」とはどんな技術？ ……………………………………………… **006**
　1　介護技術は、利用者と介護者の関係そのもの ……………………………… 006
　2　介護技術はマニュアル化できない ………………………………………… 007
　3　介護技術を統一するには？ ……………………………………………………… 009

❹ 人は「される」ことに慣れていない ……………………………………… **010**
　1　他者からの接触は受け入れがたい ………………………………………… 010
　2　「される人」と「する人」は感じているものが違う ……………………… 010
　3　「される人」から「する人」へ ………………………………………………… 011

❺ 身体で覚えたことは忘れない …………………………………………………… **012**
　1　いつの間にか起きていた、歩いていた ……………………………………… 012
　2　介助は利用者の動作を支援し、同時に邪魔をしている ………………… 013
　3　私たちの介護も身体で覚えたもの …………………………………………… 014

❻ 筋力トレーニングをしても動けない ……………………………………… **015**
　1　「できる」「できない」を私たちが決めていないだろうか？ …………… 015
　2　「力が弱い」から「危ない」と感じてしまうのはなぜ？ ………………… 016

3 筋力だけをつけても仕方ない ……………………………………………………… 016

❼ 「待つ」ことのむずかしさ——時間のとらえ方の違い ………………… **018**
　　　1 なぜ待てないのか？ …………………………………………………………… 018
　　　2 待つことは技術 ………………………………………………………………… 018
　　　3 "待つ"とは、利用者の時間に入ること …………………………………………… 020

❽ 介護者が邪魔をしている——空間のとらえ方の違い …………………… **021**
　　　1 動くためには、「安心して動ける空間」が必要 …………………………………… 021
　　　2 安心して動ける空間とは ……………………………………………………… 022
　　　3 私たちが「壁」になっていた …………………………………………………… 023

❾ 「反復練習」は効果がない ……………………………………………… **024**
　　　1 動作はどのようにして覚えてきたのか ………………………………………… 024
　　　2 利用者の「さて、やるか」に関心を向ける ……………………………………… 024
　　　3 生活の場にリハビリテーションを持ち込まない ……………………………… 025

❿ 利用者主体のかかわりとは …………………………………………… **026**
　　　1 利用者の主観的体験を入口にする …………………………………………… 026
　　　2 利用者の気づきに、気づかされる ……………………………………………… 027
　　　3 見ようとしなければ見えないが、一度見えるといつも見える ………………… 028
　　　　【コラム】 スキルを上げる近道①——他者に見られる …………………………… 028

第 ② 章　「動き出しは本人から」の基本

❶ 「動き出し」とは ………………………………………………………… **030**
　　　1 「動き出し」の積み重ねが生活をつくる ………………………………………… 030
　　　　【コラム】 スキルを上げる近道②——他者に説明する ………………………… 030
　　　2 なぜ「動き出し」が大切なのか ………………………………………………… 031
　　　3 「動き出し」は介助の手段を導く ……………………………………………… 033

❷ 利用者が受け身になる理由 …………………………………………… **034**
　　　1 「介護する人→介護される人」という一方通行性 ……………………………… 034
　　　2 先手を打たれれば、後手にまわるしかない …………………………………… 034
　　　3 任せているのではなく、合わせてくれている（衝撃の事実！） ………………… 035

4 「動き出さない」理由を私たちがつくり上げてしまう……………………………036

❸ 「できなくなる」ではなく、「やらなくなる」。
　　その前に「させなくなる」がある……………………………………………………**037**
　　　1 「できなくなる」ではなく、「やらなくなる」………………………………037
　　　　　【コラム】　強烈な気づき……………………………………………038
　　　2 「させなくなる」のは私たち……………………………………………039
　　　3 「できる」を実践する土俵に一緒に上がろう…………………………040

❹ 利用者の意思は「動き出し」に表れる…………………………………………**041**
　　　1 「動き出し」に意思を感じる……………………………………………041
　　　2 意思は見えなくても「動き出し」は見える……………………………042
　　　3 その人らしさも「動き出し」から……………………………………043

❺ 動き出す人はできる人……………………………………………………………**044**
　　　1 「動き出し」の意味とは………………………………………………044
　　　2 小さな"できる"は、次なる"できる"につながっている……………045
　　　3 「動き出し」は世界と自分のかかわり………………………………045

❻ 「動き出し」の尊重が信頼関係につながる……………………………………**047**
　　　1 埋もれた「できる」への気づき………………………………………047
　　　2 疑わないことが信頼関係につながる…………………………………047
　　　3 介助のハンドルは利用者に握ってもらう……………………………049
　　　　　【コラム】　スキルを上げる近道③──自分を客観視する………050

第３章　「動き出しは本人から」の実践

【1】準備を大切にする……………………………………………………………052

❶ 「支え合い」「察し合い」………………………………………………………**052**
　　　1 プロの仕事には準備が必要……………………………………………052
　　　2 介護を行う準備とは……………………………………………………052
　　　3 「自分と相手の身体を感じる」レッスン………………………………052

❷ 「全介助」を受けてみよう──だれが舵をとっている？ …………… **054**
　　1　共感は"共通の体験"から ………………………………………… 054
　　2　介護される体験 …………………………………………………… 054
　　3　介護を受け入れる体験 …………………………………………… 055

❸ 場を共有する ……………………………………………………… **057**
　　1　アイコンタクトは何のため？ …………………………………… 057
　　2　伝わると思って伝えること ……………………………………… 058
　　3　伝わらなければ、動かない ……………………………………… 059
　　　　【コラム】業務が忙しくて、「動き出し」を待つ時間なんてない？ …… 060

【2】基本技術を身につけよう …………………………………………… **061**

❶ ベッド上での動き ………………………………………………… **061**
　　1　ベッド上で安楽にいられること ………………………………… 061
　　2　ベッド上で安楽に動けることは、動作につながる ………… 062

❷ 寝返りの動作 ……………………………………………………… **063**
　　1　目の動きを大切にしよう ………………………………………… 063
　　2　目の動きと首（頭）の動き ……………………………………… 063
　　3　寝返りの動作と身体の突っ張り ……………………………… 065
　　4　動きのレールを敷く。動きの空間を小さくする ……………… 066

❸ 起き上がりの動作 ………………………………………………… **068**
　　1　動き出しを誘う …………………………………………………… 068
　　2　身体は動くのに起き上がれない？ …………………………… 071
　　3　重たい頭を支える ………………………………………………… 072
　　4　止まれるから動ける。止まることで身体を感じる ………… 074
　　　　【コラム】共通の言葉 …………………………………………… 075

❹ 座位 ………………………………………………………………… **076**
　　1　「座れている」状態とは ………………………………………… 076
　　2　座れないはずはない──座る能力を引き出す ……………… 082
　　3　次の動作につながる座位 ……………………………………… 087

❺ 立ち上がりの動作と立位 ………………………………………… **091**
　　1　生活動作のための立位 ………………………………………… 091

2　立ち上がる準備 …………………………………………………………… 094
　　3　立つことを思い出す ……………………………………………………… 100

❻ 移乗と車いす自走 …………………………………………………………… 103
　　1　移乗は移動や動作、活動につながる …………………………………… 103
　　2　利用者主体の移乗介助 …………………………………………………… 105
　　3　車いすの自走 ……………………………………………………………… 109

❼ 体位変換とポジショニング ………………………………………………… 111
　　1　経験していないことを押しつけていないだろうか？ ………………… 111
　　2　2時間のポジショニングを経験してみる ……………………………… 113
　　3　「動けること」を保証する ……………………………………………… 117

第4章　こんなに変わる！利用者の生活と介護職のかかわり

【1】利用者の変化・介護職の変化 …………………………………………… 120

❶ 利用者の表情が変わる ……………………………………………………… 120

❷ 利用者の言葉が増える ……………………………………………………… 121

❸ 介護職の言葉が変わる ……………………………………………………… 122
　　1　「起きますよ」から「起き上がれそうですか」に変化する ………… 122
　　2　「起き上がれそうですか」で脳がはたらく …………………………… 123
　　3　コミュニケーション技法をみがいても変わらない …………………… 123

❹ 介護職のかかわりが変わる ………………………………………………… 124

❺ 声かけの本当の意味に気づく ……………………………………………… 125
　　1　声かけするのは当たり前？ ……………………………………………… 125
　　2　「問題行動」は、誰の行動のこと？ …………………………………… 126
　　3　声かけの後の一呼吸 ……………………………………………………… 127

❻ 利用者が人生のハンドルを握る …………………………………………… 128

❼ **利用者との関係性から「介護技術」が生まれる！** ……………………129
　1　介護はなぜむずかしいのか？ ………………………………………129
　2　ケアの技術とは ………………………………………………………130
　3　個別ケアとかかわりの原則 …………………………………………131
　4　利用者との関係性から「介護技術」が生まれる ……………………132
　　【コラム】　実践しない研修なら、やらないほうがマシ ……………133

【2】事例で学ぶ「動き出しは本人から」の実践 ……………134
　事例1　今日できなかったことを、明日できることに変えていく ……………134
　事例2　「できるはず」と信じることが本人の力を引き出す ……………138
　事例3　「される人」から「する人」へ ………………………………142
　事例4　動き出しを信じて、待つ ………………………………………147
　事例5　Eさんの動きが見えた瞬間——私たちの声は届いていた ……………150
　事例6　「こんな身体に誰がしたか」と言われて ………………………154

　おわりに　——スタート（動き出し）がなければ、ゴール（動作の完了）もない

第 1 章
確認しよう、利用者とのかかわり

介護や看護、リハビリテーションなど、人とかかわる仕事をするうえで「動き出しは本人から」がなぜ大切なのか？　私たちのふだんの生活のなかに、また、当たり前の人間関係のなかにヒントが隠されています。

「介護が必要な人」というフィルターで見ると…

1 情報は先入観をつくる

　利用者の生活を支援するためには、その人について身体の動きや認知機能、性格といった個別的な特性や、病気や障害の状態についてなど、さまざまな面から客観的に理解する必要があります。したがって、その人にまつわる多くの情報を得てかかわりに活かそうとします。しかし、**利用者を理解するための情報が、時には正確な理解を妨げてしまうようなことがあります**。

　たとえば、「要介護5」と聞けば、これまでに出会った要介護5の人の状態像をイメージしますし、あるいは「寝たきり」と聞くと漠然と"何もできない人"を想像してしまうものです。また、認知症でBPSD（行動・心理症状）があるという情報は、その人ではなく、過去に出会った別の利用者や教科書に書かれている症状をイメージすると思います。つまり、**情報は利用者を理解するために大切なものである一方で、私たちに先入観を抱かせるものでもあるのです**。

2 私たちの経験なんて、ほんのわずかなもの

　私たち自身が経験できることは限られています。1000人も2000人もの人とかかわったことがあるわけではありません。自分の限られた経験や、テレビや本などの媒体を通して得た知識によって、「要介護5」「寝たきり」のイメージがつくられているものと思います。そして、その限られた経験や知識によって、「要介護5」「寝たきり」と聞くと、私たちの目に「介護が必要な人」というフィルターがかかり、その**フィルター越しにその人を見てしまいます**。その結果、利用者のちょっとしたしぐさや言葉の意味や意図、つまり、**利用者の「動き出し」に気づくことができずに、私たちの介助の手が先に出てしまうことになります**。

　また、「認知症」「BPSDあり」という情報は、利用者の言動を認知症の症状や一般的に言われている「問題のある行動」に結びつけてしまいやすいと思います。つまり、「認知症の人」というフィルターを介して見てしまいやすいということです。その結果として、"フィルター越しのBPSDへの対応を考える"ということになってしまうおそれがあります。私たち

は限られた経験や知識がつくるフィルターをはずすこと、何よりフィルターをつけて利用者を見ていることに気づくことが必要となります。

3 「介護が必要な人」というフィルターをはずしてみよう

ふだんの生活場面においても、「経営者」と聞くと、落ちついていて態度に余裕のあるように見えたり、「職人」と聞くと、気むずかしさや細かい性格などをイメージしたりすることはあると思います。しかし、実際には、そのようなイメージはほとんど当たりませんし、その人たちと接するなかですぐにそのイメージは修正できます。

一方で、「介護が必要な人」「認知症の人」というフィルター越しのイメージは修正しがたいものがあります。**誤ったイメージで利用者と接することは、利用者のもつ能力に気づくことができない**ことになりますので、効果的な介護ができません。利用者の能力を活かした介護がむずかしいのは、このあたりに原因があるのではないでしょうか。

2 適応している利用者を理解する

1 人には適応力がある

　人（生物）には、環境への適応力が備わっています。私たちは不慣れな場面や不得意な人間関係のなかでも、何とかそれを乗り越えて適応します。また、危険が伴う環境や不快な環境にも適応し、生活を維持することができます。たとえば、不快な環境では、自分の意思を抑えてじっと我慢しつつも、そこに自分がいることの意味を見つけ、その状況を肯定することができます。施設などで生活している利用者も**「まだできる」「自分で動きたい」という思いをもちながらも、その気持ちを抑え、介助をしてもらうという状況に耐え、少しずつ適応してしまっていることが十分に考えられます**。また、私たちも利用者の能力を感じながらも介助してしまう状況に、ある意味適応してしまっているのかもしれません。

2 適応とは「慣れ」のこと

　適応するとは、慣れてしまうことと言い換えることができます。そう考えると**「動くことができない利用者」ではなく、「動かないことに慣れてしまっている利用者」**ということができるかもしれません。私たちのふだんの生活では、常に活動し、動いているので「動かないことに慣れる」という事態はまずないでしょう。したがって、「利用者が動かないことに慣れてしまった」という考えには至りにくいと思います。しかし、私たちは生活のなかで常に動くことによって、「動かないことに慣れる」ことを打ち消しています。そう考えると、利用者の**小さな「動き出し」**も同じように、動かないことに慣れてしまうことを打ち消す大切な要素であると理解

することができます。

3 「慣れ」は変化を嫌う

　人はいかなる状況にも慣れます。しかも、慣れは変化を嫌います。慣れてしまうと、新たに入ってくる刺激に過敏になります。刺激がストレスになるのです。冬場に温かいお風呂に浸かっていると、そこから出たくなくなるのと同じです。出ると寒さを強く感じるからです。また、こなれたルーティンの仕事に新たなプロジェクトが加わることはストレスになります。**利用者が動かないことに慣れてしまうと、介護によって動かされるという刺激に対して突っ張る、抵抗するなど過剰に反応することも、自ら動くことにストレスを感じることも当然のことといえます。**

　脳は基本的に変化を嫌うそうです。変化が急であったり、大きな変化であったりすると、その変化を受けつけないのでしょう。一方、利用者の「動き出し」は本人が受け入れた変化なので、大切にし、受け止める必要があります。私たちは利用者が受け入れている変化を、介助によって少しだけ大きくすること、利用者にその動きを受け入れ、慣れてもらうようにかかわることが大切です。

　起き上がる、立つ、食べるという結果に向かって、急で大きな変化を利用者に与えることには、本人の意思とは無関係に脳がストップをかけます。**利用者が受け入れられる小さい変化を見つけ、その動きを利用者とともに大きくしていくことが利用者主体の適切な介護といえそうです。**

3 「介護技術」とはどんな技術?

1 介護技術は、利用者と介護者の関係そのもの

　利用者とかかわることが介護です。かかわるとは、「関係をもつ」と辞書（『大辞林 第3版』三省堂）にあります。利用者とかかわること、つまり、介護とは私たちと利用者の双方向の関係を指すものです。影響を与え合っているということですから、人間関係そのものといえるでしょう。

　"突っ張ってしまう""緊張が強い""踏ん張ってくれない""痛がる"など、介護をむずかしくする要因はいくつも存在します。それらに対処する手段を考えようとするとき、"突っ張ってしまう人""緊張が強い人""踏ん張ってくれない人""痛がる人"というように、**利用者に原因があるという前提で話が進んでしまうことが多いように思います**。しかし、人間関係においては、そこで起こることのすべての原因が一方にあるとは考えづらく、お互いが影響し合った結果ととらえるほうが自然です。

　つまり、相互関係の視点からは"突っ張らせてしまっている（私）""緊張させてしまっている（私）""踏ん張れない状況にさせている（私）""痛い思いをさせている（私）"というように、**私たち介護する側にも原因があると考えなければ根本的な解決には至らないと考えられます**。突っ張ったり、緊張が強かったりするからマッサージを、踏ん張れないから筋力訓練を、痛がるから痛み止めをという対処では、本質から目をそらすことになりかねません。

　人がふだんの生活のなかで自ら動き出すときは、自分から突っ張ることも緊張してガチガチになることも、自分から踏ん張らないことも、わざわざ痛くなるような動きをすることもありません。だからこそ、「動き出しは本人から」を徹底することが大切なのです。利用者が示すこのような状況は、常に私たちの介助の影響を受けていると理解すれば、それだけでもかかわりを見直すきっかけになると考えられます。

　介護に限ったことではありませんが、他者の身体に直接的にかかわる現場は非常にストレスフルな状態になっていて、業務がうまく進められないことが多いと思います。そうしたときには、「今日は調子が悪そうだ」「機嫌が悪そうだ」「動くのが面倒なようだ」と、つい利用者のせいにしてしまうことがあります。しかし、介護は関係性そのものですから、調子や機

嫌が悪いのも、面倒くさいと感じているのも、実は私たち介助者のほうであって、介助者がそのような感情を抱いていると、利用者も合わせ鏡のように同じ感情を抱いてしまうのではないでしょうか。私たちが安心して、自信をもって利用者とかかわるとき、経験や技術が未熟でも良い結果や期待した結果が生まれます。その一方で、ちょっとした体調や気分の変化が、利用者とのかかわりを雑なものにさせてしまうことがあると思います。

2　介護技術はマニュアル化できない

　脳卒中の人の介護技術、大腿骨頸部骨折の人の介護技術、パーキンソン病の人の、リウマチの人の、心臓病の人の、認知症の人の……。さらに、重度要介護者の介護技術、中等度要介護者の介護技術……など。もし、一つひとつにマニュアルが存在していたら、むしろ誰にも手出しできないほど介護は複雑なものになってしまいます。人の動作は多様で、環境やそのときの体調など多くの影響を受けて、状況次第で変化するものです。**多様で変化する動作にルールをつくってしまうと、かえって動きにくくなります。**

　高齢になれば、視力や聴力などの感覚機能、筋力や柔軟性などの身体機能、心肺や呼吸、消化器機能などが衰えます。衰える機能や程度に個人差はありますが、どの人も衰えた機能を補うように生活するなかで、腰が曲

がってきたり、足腰が痛くなってきたり、睡眠時間や活動の量・質が変化していきます。そして、知らず知らずのうちに、その人特有の姿勢や動き方、特有の動作となっていきます。したがって、**衰えた機能を発見し、その機能を高めることができれば一件落着するほど、人の身体は単純ではありません**。高齢者の生活や動作、姿勢は機能の衰えとともに適応的につくられたという過程があるからです。

　元気な高齢者とは、福祉用具を利用するなど、生活環境を工夫し、自分の能力と折り合いをつけて暮らしている人です。形は少々悪くても、本人なりに楽に、毎日継続して動けるのであればそれが何よりですし、生活環境を工夫することで動きやすくなり、動き出したくなるのであれば、無理して身体機能を改善するよりも効率的で効果的なことです。介護というものを、単純に疾患や要介護度に応じてマニュアル化することがむずかしいのは、人の動きは、このように年月をかけて個々に適応した結果であるからです。

3 介護技術を統一するには？

　介護技術に過度なルールをつくってしまうと、かえって動きにくくなることを述べましたが、一方で、技術を統一することは、利用者も私たちも安心してかかわることができるという利点をもたらします。ある程度、ルールはあるほうが動きやすいのも事実です。しかし、**細か過ぎたり、多過ぎたりするルールは、実行されないか、すぐに破られてしまいます**。経験や技術に影響されない、誰もが確実に実行可能な大枠でのルールが大事だと思います。

　子どもの遊びを例にあげるとわかりやすいかもしれません。たとえば、"鬼ごっこ"で決まっているルールは鬼にタッチされないように逃げることと、逃げてよい場所だけで、それ以外は自由です。誰もが実行可能な大枠なルールがあり、そして年齢や経験を問わず楽しめるからこそ、時代が変わっても"受け継がれる遊び"になっているのでしょう。

　「動き出しは本人から」の取り組みは、介護における大枠のルールです。ルールは自由を保証します。利用者と私たちがお互いに大枠でのルールを守ることで、利用者の動きも私たちの介助もそのルールのなかで自由に行うことができます。つまり、利用者はこれまでの生活のなかで、個々に適応した動きをすればよく、私たちも各々の経験で得られた技術を利用してよいのです。だからこそ、長く現場で"受け継がれる介護技術"となるのです。

人は「される」ことに慣れていない

1 他者からの接触は受け入れがたい

　ふだん、健康な大人が他者から介助される経験はほとんどありません。日常生活を考えても、仕事や家事、趣味や娯楽など、他者と協調しつつも基本的には自分で考え、判断し、実行しています。私たちは、他者の意図やペースで手とり足とり、何かされる経験がほとんどないわけですから、他者から介助を受ける身になった利用者が、私たちからの接触、ましてや一方的に触れられることは受け入れがたいと感じることは、当然のこととして認める必要があるように思います。

　他者との接触は、お互いが納得していることを察してこそ成立しているはずです。一般的にいえば、親子や恋人同士の接触はトラブルになりませんが、それはお互いを受け入れる用意ができているからだと考えます。**他人への一方的な接触は、一般的には「犯罪」とされます。そこには、少なくとも触れられる側には用意ができていないという事実があるからです。**その用意ができていなければ、顔の知れた者同士であっても許されませんし、少なくとも信頼が失われます。したがって、他者の身体に触れることを業とする私たちは、利用者にどのように触れていくか、利用者に私たちの接触を受け入れてもらうことについて慎重になる必要があります。

2 「される人」と「する人」は感じているものが違う

　「される人」と「する人」の違いは、他者の車の助手席に同乗していることを思い浮かべるとわかりやすいかもしれません。赤信号で停車するとき、助手席の自分まで足でブレーキを踏むように力んでしまったり、前方の車に接近し過ぎているように感じたり、減速、加速が急なものに感じたり……、などという経験があるのではないでしょうか。しかし、もちろん運転者は同乗者とは異なり、特に恐ろしさや危険を感じて運転しているわけではありません。つまり、**車に「乗せられている人」（される人）と、運転「する人」では、移動という同じ体験をしつつも、感じることは大きく異なるということです。**

　たとえば、全介助で利用者が他者から介助される体験（p.56参照）では、わずか数十cmほど身体を持ち上げられることに対して、ほとんどの人

は「すごく高く持ち上げられたと感じた」「持ち上げられるスピードを速く感じた」と感想を述べます。**私たちからすれば、ほんのわずかに身体を動かす介助も、利用者にとっては"たくさん動かされた""速くて恐ろしい"と感じられるのだろうと想像できます。**

身体は感じるままに正直に反応します。私たち介助者の意図やペースで介助していたり、利用者が思っているよりも早く、私たちの介助の手が出てしまっていたりしないでしょうか。その恐怖感や不快感の積み重ねが、抵抗や介助されることを嫌がるという、実は当たり前の反応を誘引しているということに私たちは気づく必要があります。

3 「される人」から「する人」へ

当たり前ですが、私たちにとって介助「する」ことは、利用者にとって介助「される」ことになります。しかし、他者から「される」ことは、利用者を含めてだれもが慣れていないわけですし、受け入れがたいことですから、単純に利用者を「される人」から「する人」にしていく視点が大切です。具体的には、**ある動作を最初から最後まで「する」のではなく、「動き出し」という利用者にとって意思のある「する」を認めたうえでのかかわりが大切です。**

利用者の「する」を認めることは、意思である「動き出し」を侵されないことになりますし、同時に「動き出し」が認められることは意思を引き

立てることになるので、利用者は安心して私たちに信頼を寄せることができます。ほんのわずかな「動き出し」にも、"○○しようとしているのですね"と意思を察して言葉をかけると、"あなたは私のことをわかってくれる"と安心した表情や態度、言葉になって返ってきます。意思の表現であるわずかな「動き出し」が認められることが、動くことへの自信になり、"継続"につながります。繰り返し「する」動きは、本人にも、私たちにもそれが当たり前のものとして受け入れられます。**"人は「される」ことに慣れていない"のですから、「する」ことに慣れるほうが容易なはずです。**

5 身体で覚えたことは忘れない

1 いつの間にか起きていた、歩いていた

　生活動作のほとんどは、毎日繰り返され身体に染みついた動きです。身体に染みついたことはそう簡単にできなくなってしまうことはありません。身体機能の衰えによって、しづらくなったり、動作に介助が必要になったりすることはあっても、やり方そのものまで（身体が）忘れてしまうことはまずありません。したがって、認知症や身体の障害があったとしても、毎日繰り返してきた起床の動作や立つ、歩く、その他の生活動作がすべてできなくなることはないのです。**どうすればよいのかは、身体が覚えているのであって、方法や順番のような知識ではありません。**

　たとえば、「さあ、起きよう」という意思があって、身体は動き出しますが、どこがどのように動いて起き上がったのかは、本人にすら説明できないものです。今朝、ベッドからどのような身体の動きの順番で起き上がったのかを、正確に答えられる人はいないと思います。つまり、**動き出してみてはじめて、身体で覚えたイメージがはたらき出すのです。**したがって、介護者が先に介助の手を出してしまうことで、利用者がもっている動きのイメージを台無しにしてしまう可能性もあります。**介助によって「動き出し」を奪ってしまうと、利用者を「できない人」にさせてしまう可能性があるのです。**

　ふだん、全介助が必要だと思っていた利用者が、いつの間にか起きていた、歩いていたということは、介護職であれば経験している人は多いと思

います。利用者がいつの間にか起きていた、歩いていたという事実は、自ら動き出すことが、利用者のもつ能力を発揮する大切なきっかけであることを物語っています。つまり、他者とかかわる私たち介助者がまず優先すべきことは「動き出しは本人から」ということになるのです。

2 介助は利用者の動作を支援し、同時に邪魔をしている

　身体で覚えたことは忘れません。たとえば、自転車に乗ることや泳ぐこと、スケートをすることなどは、一度できるようになるとしばらくしていなくてもできなくなることはないでしょう。したがって、「10年も自転車に乗っていないから、誰か介助して」という場面は、なかなかありません。反対に、一度覚えてしまうと、意識的にでも自転車に乗れない状況に戻ることはまず無理です。

　一方、起き上がる、立ち上がる、着替えをする、食事をするなども身体で覚えた動作です。にもかかわらず、これらに対しては、簡単に介助の手が出てしまっているように思います。もちろん、介助が必要なところもあると思いますが、**動き出してはじめて身体で覚えたイメージがはたらき出すことを考えれば、私たちが最初から手出しをしてしまうことは避けたほうがよさそうです。**

　他者から手とり、足とりしてもらうかかわりは、身体で覚える前と後では状況がまったく異なります。たとえば、自転車に乗ることを思い出してみるとわかりやすいと思います。一人で乗れる直前までは、親や兄弟からしっかりと支えてもらって（介助）、バランスやスピードを補助（介助）

してもらい、それがないと不安です。しかし、ひとたび乗れるようになった瞬間から、なぜか誰かに自転車に触られる（介助）こと、ましてコントロールされることは非常に邪魔で、危険に感じるようになります。**身体で覚えた生活動作への介助は、利用者の動作を支援しますが、同時に邪魔もしていることを理解する必要があると思います。**

3 私たちの介護も身体で覚えたもの

　さまざまな疾病や障害に加え、多様な背景をもつ利用者に対して、個々に応じたかかわりが求められるという点で、介護は技術職といってよいと思います。技術職は経験がものを言うと思われがちなところがありますが、その経験が新しい考えや技術の習得を阻んでしまうことがあります。"身体で覚えたことは忘れない"というのは、私たちの仕事でも同じだということです。つまり、長年行ってきたかかわり方は、それは「技術」という言葉に置き換えられるのかもしれませんが、私たちの身体に染みついて離れないということです。

　「**動き出しは本人から**」という、誰でもできそうな当たり前のことを実践するのも実はなかなかむずかしく、"つい介助の手が先に出てしまう"

という場面をたくさん見ます。また、たったそれだけのことでも、利用者の動きに大きく影響を与えてしまうこともあります。つまり、身体に染みついているのは"利用者主体"ではない"介助者主体"の介護であることが多いのです。「動き出しは本人から」を学ぶ研修では、利用者の動き出しに気づくために、介護の様子を映像に撮り、皆でそれを見て振り返ります。それは同時に私たち一人ひとりが自分の介護がどのようなものであるのかに気づく場でもあります。待てない、速い、荒い、力まかせなど、その事実に直面することが、身体に染みついた"私たち（介助者）主体"の介護を変える大きなきっかけとなります。

6 筋力トレーニングをしても動けない

1 「できる」「できない」を私たちが決めていないだろうか？

高齢者を見てみると、筋力やバランス能力、認知機能の低下があり、私たちから見て「できない」と判断する材料はいくらでも挙げることができます。たとえば、立ち上がる際に踏ん張ることができないことは下肢の力が弱いせいにできますし、ふらつきはバランス能力の低下、私たちの声かけに対して理解してもらえないことは認知機能の低下のせいにできます。したがって、「筋力が弱く、ふらつきがあり、理解力がない」から、動くときは危ないので介助が必要という判断や対応は、間違っていない場合もあるかもしれません。しかし、そこには私たち介助者の一方的な視点が強く影響しています。

私たちは、ふだん、自分でできそうにないことはしませんし、逆にできそうだと感じられることにはチャレンジできます。**動くことの可否を他者に判断されることは、まずありません。自分で判断するからこそ覚悟が決まり、不安に打ち勝ってチャレンジできているはずです。**利用者も同じだと思います。できそうだと感じられるから動き出すのです。したがって「できる」「できない」を私たちが決めてしまうことは避けなければなりません。

「動き出し」という形で見せる利用者のチャレンジが、まさに筋肉をはたらかせることですから、私たちはその大切な機会を奪わないことがとても大切です。

2 「力が弱い」から「危ない」と感じてしまうのはなぜ？

　よちよち歩きの子どもの筋力はまだまだ弱いものですし、地域で自立している高齢者も、筋力の強い人ばかりではないでしょう。何か動作ができるための筋力やバランス、認知機能などの明確な「基準」は存在しないということは、多くの高齢者が身をもって教えてくれています。

　しかし、たとえば、私たちは"立ち上がることができない"利用者の介助で何を感じているでしょうか？　利用者を支える手にかかる重みは、自分では踏ん張れないことの証しとして感じるのかもしれません。しかし、それは私たちが介助した分だけの「反発する力」を感じているだけかもしれないのです。つまり、自分が出した力が自分に跳ね返ってきているのであって、**私たち自身が"踏ん張れない利用者"をつくり出してしまっている可能性もあります**。「力が弱い」と感じていればいるほど、私たちは大きな力で介助しようとしますから、その分大きな力が自分に跳ね返り、ますます利用者が動くことを「危ない」と感じてしまいます。

3 筋力だけをつけても仕方ない

　歩行や排泄の介助で"ひざ折れしてしまう"という話をよく聞きます。利用者の腰や腋下を引き上げすぎると、利用者の身体は伸び上がり、踏ん張るべき利用者の足を床から引き剝がすようなことになりますから、利用

者の踏ん張る力を奪うことになります。極端に言えば、宙ぶらりになりそうな下肢には踏ん張るための拠り所がなく、ひざ折れも当然のこととなってしまいます。つまり、**"ひざ折れしてしまう"ではなく"ひざ折れさせてしまっている"ことのほうが多いように思います。**

　介助は、常に利用者と介助者が影響し合うなかで行われるものです。したがって、利用者にいくら筋力やバランス能力、柔軟性などの身体機能が備わっているとしても、それを手すりや杖、車いすなどの環境と"折り合いをつける"よう自ら動かなければ、生活動作としては発揮されません。三日坊主の筋力トレーニングでは、すぐに元の身体能力に戻ってしまうように、**少しの筋力を改善するよりも今できることを日々繰り返すことのほうが大切です。**介護者である私たちは、利用者が折り合いをつけて動くための環境の一つに過ぎません。たとえば、**私たちが利用者にとっての手すりだと考えれば、手すりの側から利用者を動かすようなことはあり得ません。**手すりを利用するためには、本人から動き出す必要があるので、「動き出しは本人から」が必然となり、私たちはその「動き出し」に応ずることになるのです。

7 「待つ」ことのむずかしさ——時間のとらえ方の違い

1 なぜ待てないのか？

　　現場の介護職の皆さんとお話しさせていただくと、「利用者の動きを待つことの大切さはわかってはいるのですが……」といった言葉を耳にします。それは、少しでも待って、利用者に気持ちよく過ごしてほしいという思いの表れです。では、私たちはなぜ、待つことがむずかしいのでしょうか？　「時間がない」「人手が足りない」という現場の事情は、そのとおりだと思います。しかし、接客業など介護と同じように、対象者のペースを大切にする職業は多く存在します。したがって、**私たちは単純に時間がないという理由で待てないのではなさそうです。**

　　哲学者の鷲田清一氏は「待つことの選択、それが意味するところは、なによりも関係を思いどおりにしたいという自らの願望の遮断である」[1]と述べています。つまり、関係を思いどおりにしたいという願望が待つことを阻んでいるのです。**"介護者主体"の介護になってしまうことの裏には、"こうしてあげたいという他者への思いの強い人ほど待てない"という、逆説的な要素があることが見えてきます。**

2 待つことは技術

　　精神科医の春日武彦氏は「待つ、それだけのことができずに空回りしている人がいかに多いことか」[2]と、待つことのむずかしさを指摘しています。私たちのことかとハッとさせられると同時に、「待つ」ことは大切な技術なのかもしれないと感じます。

　　介護の現場においても、ベテランの職員が利用者とさりげなく時間を過ごすなかで、見守りつつも適宜、介助の手を差しのべる場面を見かけます。経験によって培われた技術といえるのでしょう。しかし、経験が浅い人、あるいは家族にとっても「待つ」という技術の大切さを知ることが、利用者と互いに安心してかかわることの前提にあるということが「動き出しは本人から」の実践を通して見えてきました。

　　各地で「動き出しは本人から」の取り組みを実践するなかで、「こんなにも利用者が自分でできることがあった」「自分でしようとしていることがわかった」「できることを私たちが奪ってしまっていた」などと気づく

とともに、「介護を見直すきっかけになった」という言葉が多く寄せられます。気づくことが変化のきっかけになります。鷲田氏が「待つというかたちで、自分がしてきたことの隠された意味が見えてきます」[3]と説明しているように、「待つことで私たちが何をしているのか」ということに気づかせてくれるものがありそうです。つまり、鷲田氏の言葉を借りれば、"利用者の「動き出し」によって、後になって自分は何を待っていたのかを知る"ことになります。それは、きっと**利用者のこのような姿を見たかったのだということへの気づきであり、その気づきが利用者へのかかわりを変えてくれることにつながっていくのだと思います。**

3 "待つ"とは、利用者の時間に入ること

　「動き出しを待つ」という言葉には、私たちの時間を基準にして、利用者が動き出すまで"私たちが"待つという意味が隠れています。しかし、よく考えてみると、**利用者は私たちを待たせているわけではなく、自分の意思とタイミングで動こうとしているだけです**。したがって、「待つ」という言葉や姿勢も、結局は私たち介助者の目線でのかかわりを反映しているものといえそうです。

　寒い駅のホームで電車を待っているとき、待つ以外に私たちにはどうすることもできませんが待つことができます。それは電車が来ることがわかっているからです。「待つ」とは相手にゆだねるという状況なのでしょう。しかし、そこには期待があり、信用があり、背景にはそのこと（時刻表など）に関する知識があります。一方で、介護において「待つ」ことがむずかしいのは、利用者の能力（動き出し）をまだ十分に知らない、知らないから信用できない、期待できないからです。しかし、利用者の「動き出し」に気づき、その動きに呼応して自然に介助の手が差しのべられるとき、私たち自身が落ちつき、安心して介助を行うことができています。それは、**「待つ」ではなく利用者の時間に入っているという感じです**。

　高齢者の動き出しには時間がかかり、その動きはゆっくりとしたものです。そう考えてみれば、「待つ」ことが必要となるのは当たり前のことです。利用者の能力を知り、信用し、期待できることで「待つ」という言葉が使われなくなり、「利用者の時間に入る」ことが当たり前になるのが、利用者主体の本来の姿なのではないでしょうか。

8 介護者が邪魔をしている──空間のとらえ方の違い

1 動くためには、「安心して動ける空間」が必要

　オリンピック選手並みの運動能力を有していても、動くための空間がなければそれを発揮することはできません。たとえば、スッポリと身体が収まるような筒の中では身動き一つとれません。当たり前のようですが、動くためには運動機能（身体能力）があればよいわけではないことを意味しています。暗闇の中や薄氷の上では、大胆に動くことはできません。狭い空間をすり抜けるときや低い天井に頭をぶつけないように歩くときには、身体は自然と緊張します。このように、空間のとらえ方一つで発揮される能力は変わります。したがって、**安心して動ける空間であることを利用者が感じているかどうかに、私たちは意識を向ける必要がありそうです。**

　また、自分の家の居間ではのびのびと自由に過ごせるのは当然ですが、他人の家では身動きは減るでしょう。小学校の入学初日は、緊張で席から動けない子どもたちも、2、3日もすれば慣れてお互い教室を自由に動きまわり、コミュニケーションも活発になります。空間そのものは変わりなくとも、そのとらえ方次第で動きは変わっていくものです。

2 安心して動ける空間とは

　目の前に大きな水たまりがあるとき、それを飛び越えて通る人もいれば、それを避けて迂回する人もいます。飛び越えようとする人は、それを飛び越えているイメージが湧いているのでしょうし、迂回する人は少なくとも飛び越えないほうがよいと判断したのでしょう。水たまりが小さくなれば、飛び越える人は増えるでしょう。私たちには、利用者が安心して動けるように、水たまりを小さくする（環境を整える）という役割があります。そして、安心して動ける環境かどうかをどのように判断するのか、それは水たまりを飛び越えようという動きが現れるかどうかです。つまり、**「動き出し」の有無が、利用者が安心して動ける環境の指標になっているのです**。

　薄氷の上を歩こうとするとき、つま先でツンツンと氷の硬さを自分で確認します。また、天井の低い部屋を歩くとき、実際に天井に触れてみて距離感を確かめます。「この氷は割れないから大丈夫」「頭はぶつからないから大丈夫」と、他人に言われても今ひとつ不安に感じるからです。つまり、**自分で動いて空間を確かめることが、動くことへの安心感には重要なのです**。安心して行動するためには、空間を知ることから始まると暗に示してくれているようです。

3 私たちが「壁」になっていた

　介助の場面を撮って見てみると、介助者が利用者の視界をさえぎっているという映像がありました。その映像を撮った人が"私たちが壁になってしまっていた"と表現していましたが、まさに私たちが邪魔をしていたことに気づく瞬間でした。「動き出し」を尊重することを意識すると、利用者と私たちの間に自然と必要な距離ができました。そうなると、私たちの姿は、利用者の動きを邪魔する壁ではなく、安心して動くために利用する空間の一部に見えてきます。

　安心・安全のためにと利用者の身体に密着することは、実は利用者が「動き出す」空間を奪ってしまい、かえって安心できない状況を私たちがつくってしまっていたのかもしれません。利用者の目線に立ってかかわるとは、「言うは易く行うは難し」の典型のようなものだと思います。映像から第三者目線で介助を見つめ直してみると、利用者との関係に気づくことがたくさんあります。

9 「反復練習」は効果がない

1 動作はどのようにして覚えてきたのか

　寝返ること、起き上がること、立つこと、歩くこと、食事やトイレでの動作など、私たちは日常生活動作を行ううえでそのやり方をいちいち意識するようなことはありません。身体が覚えているからです。それは、何十年と毎日繰り返してきたからに他なりません。しかし、ただ機械的に反復してきたわけではありません。一度覚えてしまった動作は、意識せず自動的に行えますが、まずは「さて、やるか」という意思がはたらいているはずです。**身体で覚えていることの背景には、「さて、やるか」という意思の反復があります。**

　また、朝、ベッドから起き上がり、「さて、カーテンを開けようか」「さて、トイレに行こうか」「さて、顔を洗おうか」「さて、テレビを見ようか」など、次に「さて、〇〇するか」という意思は、起き上がるという、その前の動作からつながるものです。したがって、**できない動作だけを切り取って反復することにはあまり意味がありません。**子どもが着替えや排泄を覚える過程で、着替えだけの練習、排泄だけの練習を反復するようなことはありません。同じように、高齢者の場合も「さて、やるか」の反復を大切にしなければなりません。「さて、やるか」という本人の意思は、「動き出し」という目に見える形で現れます。

2 利用者の「さて、やるか」に関心を向ける

　私たちは、「さて、やるか」という意思が続かなければ、何かを覚えることはむずかしいということを、勉強や習いごとなどの体験を通して知っています。また、他者から言われて行うことは、モチベーションが続きません。しかし、食事や排泄などは生理的欲求ですから、「さて、やるか」という意思は黙っていてもはたらきます。食事をしてもらおうとしたり、トイレに行ってもらおうとしたりする際に、**利用者の「さて、やるか」のサインである「動き出し」を大切にすること、その小さな動きの繰り返しが、生活動作能力を維持するために必要となるのです。**

　利用者の動作が、明日も、来週も、来月も、来年も続けられるために、全介助、一部介助、見守りというような見方ではなく、「さて、やるか」

という小さな「動き出し」に関心を向けることが大切です。それは、利用者の意思に関心を向けることですから、意思（動き）を尊重したかかわりが必然になります。数年先も変わりなくいられることは、日常生活における「さて、やるか」の反復によってなせるものといえます。

3 生活の場にリハビリテーションを持ち込まない

　特別養護老人ホーム（以下、特養）や有料老人ホーム、サービス付き高齢者向け住宅などは、言うまでもなく"生活の場"です。生活動作が毎日繰り返されるには、心身機能だけではなく、環境の要素も重要です。つまり「さて、やるか」と動き出したくなる環境です。特養などで部屋に私物を持ち込んだり、共有スペースをくつろぎの空間にしつらえるなどの工夫は、まさに生活動作を行うには、環境の要素が重要であることを示しているものと思います。

　体調を崩して入院し、入院中におむつ対応だった利用者が施設に戻ると、簡単にトイレを使用する生活に戻るということはめずらしくありません。施設が"生活の場"だからです。見えるもの、匂いや音、かかわる人など、利用者を取りまく環境すべてが影響し合ってなされることです。言い換えれば、**施設が病院化すれば、その分だけ生活は失われます**。したがって、施設ではリハビリテーションや個別機能訓練などの言葉はそぐわないと思います。**必要なときに必要な動作や活動を「さて、やるか」と繰り返す生活が、リハビリテーションそのものだからです**。

10 利用者主体のかかわりとは

1 利用者の主観的体験を入口にする

　　福祉や医療の世界で「利用者主体を大切に」などと言いますと、「何をいまさら、常識でしょう」と叱られそうです。しかし、利用者主体にかかわっていたはずが、「動き出しは本人から」を実践してみると、主体的な「動き出し」、つまり利用者の能力に新たに気づかされます。利用者主体とは何なのか？　一度立ち止まって考えてみる必要がありそうです。

　　誕生日会や入学祝い、還暦祝いなど、明らかに主役とホスト役があるような会合では、主役はどう感じているだろうか、気持ちよく過ごしているだろうか、と主役の主観的体験に皆の関心が向きます。主役のうれしそうな表情を見て「よかった、私もうれしい」と感じることがあります。ホストは主役の主観的体験に影響を及ぼす存在であると同時に、主役からも影響を受けるからこそ"感じ合う"という双方向の関係ができあがります。ふだんの人間関係も、**互いに感じ合うことができたとき、相手に興味が湧いて、今まで気づけなかったことが目に入り、耳に入ってきて、手のひらに伝わってきて、そして関係が深まることになります**。つまり、利用者主体のかかわりとは、利用者の主観的体験を入口に、そこに関心を向けることを通して、「動き出し」という利用者の意思を感じ取ろうとすることなのかもしれません。

2 利用者の気づきに、気づかされる

　会社や部活動などで、「主体性が足りない」というときの"主体性"とは、"動き"のことを指している場合が多いと思います。そこには「あなたならきっとできますよ」という信頼と期待が同時に含まれていると思います。同じように、**利用者主体のかかわりにおいても、利用者の動きを信じて期待することが大切です**。私たちの仕事を考えても、たとえば上司から信じてもらえていない関係、期待されていない関係のなかでは、誰も主体的になど動けるはずはありません。

　これは、「動き出しは本人から」の実践でも多くの利用者から気づかされたことです。「立ち上がれそうですか？」という問いかけに対して、「立てるさ」という返答、それに対して私たちが「さあ、どうぞ」となるのか、はじめから「（立てないのだから）介助しますね」とかかわるのかでまったく違う結果が待ち受けています。**「さあ、どうぞ」と信用され、期待された利用者は立ち上がることができます。「介助しますね」と信用されなかった利用者は、「介助が必要な人」に甘んじることになります。**

　「立てるさ」という返答を信じ、期待することは、立ち上がるという利用者の主観的体験を導きます。その結果には、"立ち上がれた"という本人の気づきが先にあり、その気づきに私たちも気づかされます。気づきの共有です。気づきの共有は、私たちが利用者を一方的に見立てることを抑制し、利用者に安心して動いてもらうための大切な要素となります。

3　見ようとしなければ見えないが、一度見えるといつも見える

　利用者とのかかわりを動画で撮影し、「動き出しは本人から」という視点で皆で共有する。ただそれだけで多くの気づきに出会う経験をします。毎日、利用者と向き合ってきたはずなのに、見えていないことがたくさんあったことに気づくのです。つまり、私たち介助者主体の視点では見えてこないものがあることを知る必要があります。

　私たち介助者は専門知識や情報によって、利用者を見たいように見てしまいます。その結果、事実をゆがめて認識していることもありそうです。たとえば、「要介護5なので全介助です」など自明と思われるものほど、実は本質が見えにくいのかもしれません。トリックアートや間違い探しなど、なかなか見えてこなかったものも一度見えてしまうといつでも見えてきます。不思議なことに、**利用者の「動き出し」も一度見えてしまうと、それが当たり前のように見えてきます**。そして、当たり前と認められた「動き出し」は、かかわりのなかで尊重されますから、結果的に利用者主体のかかわりも当たり前に実践できるようになります。

コラム　スキルを上げる近道①──他者に見られる

　介護技術を向上させる近道があります。それは、とにかく自分の介護（かかわり）を他者に見られる状況をつくることです。最もよいのは、家族または担当フロア以外の職員のように客観的に見ることのできる人たちに見てもらうことです。私たちは皆、ふだんの介護で技術的に未熟なところや自信のないところ、知識や情報をあいまいにしたままかかわっているところなど、自分では薄々気づいているものの、何となくごまかしながら仕事をしていることも多いと思います。他者に見られることで、あいまいなかかわりはなくしていかざるを得ません。一方、少しでも自信のあるかかわりが表に出ることになります。

　自分のかかわりの意味や意図を他者に説明できることが、根拠のある介護の大前提だと思います。他者に見られるなかで発揮される介護技術は、説明できるでしょうし、説明できる介護技術を繰り返すことで、技術として研ぎすまされていきます。

第 2 章
「動き出しは本人から」の基本

「動き出しは本人から」の基本は、利用者の動き出しに気づくことです。そのために、私たち介助者はどのような視点をもつとよいのでしょうか？ 利用者主体にかかわるための、いくつかのポイントを紹介していきます。

1 「動き出し」とは

1 「動き出し」の積み重ねが生活をつくる

　　　　特別な運動習慣がなくても、高齢者を含めて多くの人は心身機能を年齢なりに維持することができています。それは、日常生活を通じて、まんべんなく筋肉や関節を動かし、他者との付き合いを通して、知的にも感情的にもさまざまな刺激を受けているからでしょう。そう考えると、ふだんどおり生活していることが、何より大事なことだと気づかされます。

　当然、個人によって身体能力は異なりますが、自分のもっている能力を活かしていることが、生活しているということになるのです。何か行おうとする意思があるとき、身体は動き出します。食事や排泄、仕事や趣味に至るまで、**毎日繰り返される多くの「動き出し」の瞬間、その一つひとつは、私たちの身体能力を維持する重要な役割を担っているようです**。つまり、何気ないわずかな「動き出し」は、利用者の生活につながっていることになります。利用者の「動き出し」を尊重することが、能力を活かしたり、引き出したりする大切なかかわりとなります。

コラム　スキルを上げる近道②——他者に説明する

　介護を行ううえで、その根拠をいちいち問われ、そのたびに説明する機会はありません。したがって、日常生活が繰り返されるなかで、少しずつあいまいなかかわりが混入してきます。ユニット会議などで、利用者のケアについて話し合われる機会はあると思います。その際、一人の利用者をどのように見ているのか、どのような意図があって、どのような手段でかかわっているのかなど、具体的に説明する機会をもつことが大切です。語ったことは当然やっていることとして、自分の責任になって跳ね返ってくるものだからです。いつ、誰に問われても説明できるかかわりを徹底していれば、そのかかわりは、やはり研ぎすまされ、自分にとって大切な技術の芯となって、新たな技術の芽を伸ばす土壌となります。

2 なぜ「動き出し」が大切なのか

　不意に他者から触れられることは、気持ちのよいものではありません。驚きますし、不快な思いをすることもあるでしょう。利用者が私たち介助者に触れられるときも、同じように不快な思いをすることはあると思います。もちろん、声をかけてから触れることは当然のマナーですが、声かけがあっても他者が自分の身体に侵入してくることは、緊張しますし身構えます。身体を誰かに動かされる（介助される）となれば、なおのことでしょう。つまり、自分が意図しない事態は受け入れがたいということです。

　一方で、**自分が意図して動き出したことに対して、それを受け止め、その動きを方向づけたり、時には補って導いてくれることには応じられると思います**。ブラインドマラソン（視覚障害のある人が伴走者とともに行うマラソン競技）では、伴走者は競技者本人と平行よりやや後ろを走るのがルールなのだそうです。同じように、利用者の「動き出し」が先で、その少しあとに介助の手を差しのべることが利用者の能力を引き出し、邪魔をしないかかわりのルールといえそうです。

私たちの運動や動作は、姿勢が連続して変化したものととらえることができます。ちょうど、パラパラ漫画をめくると、一枚一枚の絵はほんのわずかな姿勢の変化に過ぎないのに、そこに動きが見えてくるのと同じです。アニメーション映画なども同じです。一枚の絵をほんの少しだけ変化させて、二枚、三枚とつなげることで動きを見せます。パラパラ漫画にしてもアニメーション映画にしても、コマが動くことで、私たちはそこに意味のある動きを見てとることができます。また、その動きの先にストーリーを読みとります。

　つまり、**利用者のほんのわずかな動き出しであっても、それをつないでいくことによって、その先の動きを感じることができるはずです**。しかも、パラパラ漫画やアニメーション映画がそうであるように、**コマがつながった動きには対象の思いや感情まで伝えるものがあります**。利用者を理解すること、利用者の思いを尊重して寄り添うこととは、動き出しを認めること、それを意味あるものとして見ることから始まるといえそうです。

3 「動き出し」は介助の手段を導く

　私たちは生きている以上、微動だにせず、じっとしていることはできません。もちろん、要介護状態にある人も同じです。ベッドに臥床しているときでも、車いすに座っているときでも、何らかの動き（動き出し）を見ることができます。私たちは常に動いていますし、その一つひとつに意味があるはずです。常に動いている先に、食事や排泄があり、会話や団らんがあるのです。**自分の動きには意味があり、利用者のちょっとした動きには意味がないなどということはあり得ません。**

　動きというと、寝返りをうつ、起き上がる、立ち上がるなど、一つのまとまった動作を想像してしまうのかもしれません。その結果、利用者は、そのまとまった動作ができないことで介助を受けることになります。しかし、動き出しを、そのまとまった動作の始まり、あるいはその一部ととらえることができれば、その動き出しは意味のある動作として見えてきます。**利用者の動き出しを、動作の始まりや動作の一部とすれば、利用者にゆだねるべきところ、私たちが介助すべきところ、介助の手を少し緩められるところが必然的にわかってきます。**つまり、動き出しを認めることで介助の手段が自然に導かれます。

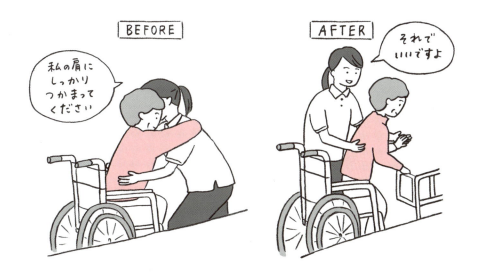

2 利用者が受け身になる理由

1 「介護する人→介護される人」という一方通行性

　　介護技術という表現があるように、介護は技術としてとらえることもできると思います。技術という言葉の意味は、「物事を巧みにしとげるわざ」（『大辞林 第3版』三省堂）とあります。つまり、誰かが何かに、あるいは誰かが誰かに対し、一方的に行うことをイメージします。「職人が木を」（削る）、「医師が患者を」（手術する）というようなものでしょうか。「介護者が利用者を」（介護する）という表現も、同じように成立します。

　　技術は、対象が動かないときに発揮されやすいものでもあると思います。木を細かく削るには、木がしっかりと固定される必要がありますし、手術は麻酔によって患者が動かないような状況下で行われます。したがって、**私たちは知らず知らずのうちに、「介護する人→介護される人」という一方通行性の関係をつくってしまう危険性がある**と感じています。

2 先手を打たれれば、後手にまわるしかない

　　将棋や相撲も、介護のように相手と一対一で対峙します。将棋は一方が先手で、もう一方は後手です。相撲も「先手をとる」などといわれるように、技のしかけはどちらか一方が先になります。先手を打たれた者は、後手にまわらざるを得ません。

　　では、介護ではどうでしょうか。私たち介助者が先手を打ってしまっていることが多くないでしょうか。先手を打たれた利用者は後手として受けにまわり、その結果、「介護される人」としての役を担わされてしまっていることはないでしょうか。ちなみに、将棋は先手のほうが有利だといわれることが多いそうです。相撲の取り組みでは、言わずもがなでしょう。それは、先手をとった者が対局や取り組みをコントロールできるからではないかと考えます。同じように、**介護においても先手が利用者であることで、利用者がその介助場面をコントロールできることになります**。

　　「動き出しは本人から」では、ほんのわずかでも利用者の動き出しを尊重します。それは、利用者が先手になることです。その結果、私たち介助者は後手（受け手）になります。先手を許された利用者は、その介護場面をコントロールすることになりますから、それだけでも、私たちの介護は

利用者主体のものへと変化することになります。

3 任せているのではなく、合わせてくれている（衝撃の事実!）

　生活動作は、常に自分自身が主体であり、時間や環境、方法などは習慣のうえに成り立っているものと思います。つまり、先手は自分（動き出しは自分から）であることは当たり前です。しかし、介護を受ける立場、つまり「後手」にされた利用者はどのようにして、その状況に適応していくのでしょうか。

　ある施設で、一人の利用者がベッドから起き上がるのを、4人の介助者がそれぞれ介護する場面を映像に撮ったものがあります。最初に見たときは、まさに衝撃を受けました。介護の方法が、全介助から、見守りまで四者四様であったことは、特に驚くことではないのですが、その利用者は、全介助をする職員には、全介助されるよう身を任せ（全介助が必要な人に見える）、部分的に介助をする職員にはそれなりに動き（一部介助が必要な人に見える）、見守る職員には自ら動作を行っている（見守りだけが必要な人に見える）のでした。**受け身とは、私たちに任せているのではなく、私たちの動きに利用者が合わせてくれているということでした。**

　この動画を見た全国の複数の施設で、同じように一人の利用者に対して複数の介助者が介護する場面を撮ってくれましたが、結果は同じでした。**利用者が私たち介助者に合わせてくれている姿が、そこに映し出されていました。**私たちは利用者を受け身にさせ、利用者の本当の姿を見る機会をみずから逃していることがあるのかもしれません。"私たちの介護に利用者が合わせてくれる"のではなく、**"利用者の動き出しに、私たちが合わせていく"**ことを忘れないようにしたいものです。

4 「動き出さない」理由を私たちがつくり上げてしまう

　病院も施設も、多くの専門職が働く現場です。専門職は、それぞれの専門的知識をケア（治療や介護）に活かす工夫や努力を重ねています。一人の利用者には多くの専門職がかかわります。しかし、一つしかない利用者の身体に対して多くの専門職がかかわる際に、注意しなければならないことがあると思います。それは、**専門の立場でかかわることは、利用者の側にしてみると、専門に応じた複数の解釈で「かかわられている」可能性があるということ**です。

　起き上がることや移乗することをとっても、さまざまな専門職がそれぞれ異なった解釈に応じてかかわるのであれば、利用者は手も足も出せない状況に陥ってしまうのではないでしょうか。自分（見守り）で移乗することと、ほとんど力を入れず全介助されていることが、状況次第では一人の利用者に同時に存在しているという事実は、前述したとおりです。それが、私たち介助者のかかわりに一生懸命に合わせようとしている利用者の姿なのだと思います。専門的知識や経験を活かすことは、もちろん大切なことです。しかし、**人が人とかかわるうえでの原点は同じにしておかなければ、専門の押しつけになってしまい、「動き出さない」理由を私たちがつくり上げている可能性があることになると思います。**

3 「できなくなる」ではなく、「やらなくなる」。その前に「させなくなる」がある

1 「できなくなる」ではなく、「やらなくなる」

　身体で覚えた記憶はそう簡単にはなくならないことは、第1章で述べました。起き上がる、立つなどの起居動作や、食べることや着替えることなど、日常生活動作も身体で覚えたことになります。特に、毎日繰り返される動作はそう簡単には忘れません。にもかかわらず、なぜ高齢者、とりわけ認知症の人の動作に介助が必要となるのでしょうか。

　その大きな理由の一つは、「できなくなる」ことではなく、「やらなくなる」ことだと考えます。**"機能の衰えがあってできなくなる"のではなく、"やらなくなることが先にあって機能が衰える"のです。**高齢になれば、程度の差こそあれ、身体の機能は皆、衰えます。しかし、100歳を過ぎても活発に生活している人もたくさんいます。そのような人たちは、心身の機能が衰えていないのでしょうか？　病気や認知症がないからでしょうか？　そういうわけではありません。「できなくなる」ことは、身体の機能が衰えることが理由だとは言いきれないと思います。

　単純に、昨日できていたことを今日もやり続ける、今日できることを明日もやる、といったことの繰り返しが、生活をしていることに他ならないのだと思います。自分で行うから動きの加減が分かる。だから、必要があれば工夫や加減をして動作することで、毎日繰り返し行うことができています。

　目の前にいる利用者は、できなくなった人ではなく、やらなくなった人です。病気などの理由で臥床した結果、起き上がりや座位を保つこと、立ち上がること、歩くことをやらなくなったのです。やらなくなることにも慣れが生じますから、しばらくすると動くことに消極的になります。そして、「やりたくない」「できない」と言うようになります。

　私たちは、今目の前にいる「やりたくない」「できない」と言う利用者の姿を本当の姿であると理解してしまうと、「できない人」という判断をします。**できない人という前提でかかわることで、「できない利用者」がつくり上げられてしまいます。**それは、できないという目で利用者を見ているだけなのかもしれません。できるかもという目で利用者を見ることが

大切です。メトロノームの針のように、"できない"と"できるかも"の間をいつでも行ったり来たりして、利用者を見ることが必要ではないかと思います。

> **コラム　強烈な気づき**
>
> 「動き出しは本人から」の研修後のアンケートでは、「目からウロコでした」という感想を多くいただきます。しかし、研修内容のほとんどは、私たちが日常生活でふだん行っている"当たり前"を改めて体感するものです。ふだんは気に留めていなかったことが、実は大切であったということですから、その気づきは強烈です。"強烈な気づきは習慣を変えるチャンス"です。「動き出し」という視点と、かかわるからこそ見えてくる利用者の本当の姿に出会うことは、よい意味でこれまでのかかわりを反省する機会になります。
> 　"変わるべきは私たちではないのか？"
> 　介護そのものに対する考え方の転換を迫られることになります。

2 「させなくなる」のは私たち

　長い人生の間に、多くの病気やけがに見舞われます。時には、生活動作を自分ではできない状況を経験すること、つまり、"やらなくなる"こともあるでしょう。しかし、それは"できなくなった"わけではないので、病気やけがが治れば、"やらなくなる"ことから脱します。利用者も同じはずです。「体調を崩したので、歩行から車いす対応にした」「移乗を見守りから介助での対応にした」「食事を自力で食べることから介助での対応にした」などというように、"やらなくなる"事情はたくさんありますし、一時的にせよ、"させなくなる"対応が起こり得ます。しかし、私たちは体調が回復すれば、"やらなくなる"から脱することが当たり前になっています。つまり、"やらなくなる"と"やる"のスイッチは、どちらの方向にも簡単に切り換えることが可能です。

　では、利用者はどうでしょうか。**"させなくなる"から脱する鍵は、私たち介助者に握られてしまっています。しかも、"させなくなる"へのスイッチは簡単に切り換えられますが、"させる"へのスイッチは重たいものになっていないでしょうか。**

　「動いたら危ない」「転んだらどうする」「動きたくないと言っている」「できないと言っている」など、"させなくなる"事態を変えない言い訳、"させる"スイッチが重たくなる言い訳はたくさんあります。しかし、利用者が勝手に"できなくなった"のではなく、"やらなくなる"状況が先にあって、そのやらなくなるに至る過程の"させなくなる"ことが、大きな原因の一つであることを知っておく必要があると思います。

　私たちは、生まれてから毎日さまざまなことを経験して、さまざまなことができるようになりました。しかし、やらないことはできるようになりません。つまり、やったことだけが、できるようになりますし、やった人だけが、できるようになります。**利用者の"できる"を取り戻すには、"させなくなる"を"させる"に変える必要があります。**そして、"やらなくなる"を"やる"に変えることです。身体で覚えたことは忘れないので、「動き出し」がない人はいません。"やらない"ことの慣れから、救い出すことが大切になります。

3 「できる」を実践する土俵に一緒に上がろう

　「歩けそうですか」と尋ねると「歩けると思うよ」と応じ、「立てそうですか」と尋ねると「そりゃ立てるさ（何を変なことを聞くんだ）」とあっさり返答されることをよく経験します。もちろん、ふだん歩いていないばかりか、起きるのもやっとの人、ふだん立つことがないばかりか、いわゆる寝たきりに近い人たちから、そのような返答を受けます。まさかと思うかもしれませんが、利用者の言葉に真実があります。「じゃあ、歩いてみましょう」「立ってみましょう」という段階で、やはり無理だったということはありませんでした。「歩ける」と言う人は（介助で）歩けましたし、「立てる」と言う人は（介助で）立てます。利用者の身体には、たくさんの"できる"があることを教えられました。

　しかし、その**"できる"を実践する土俵、つまりやってもらう機会を用意しなければ、"できる"という状況を私たち、いや本人さえも目にすることはできません**。利用者の返答を「できると思うよ。でも一人では不安」ととらえると、「では私が付き合いますから一緒に土俵に上がりましょう」という流れが自然にできると思います。「さあ、できることだけでもどうぞ」と利用者の「できる」を実践する機会を提供すること、それが「動き出しは本人から」の取り組みなのです。

4 利用者の意思は「動き出し」に表れる

1 「動き出し」に意思を感じる

　他者が何を考え、どのように行動しようとしているのかは、たとえ、それが自分の親や子どもであったとしても、完全に理解することはむずかしいと思います。だからこそ、私たちは他者と接するとき、思いを推しはかり、相手の言葉や行動を尊重します。利用者のなかには、言葉で自分の思いをうまく伝えられない人もいるでしょう。伝わらないことで、伝えることをあきらめてしまっている人もいると思います。

　しかし、自分自身がそうであるように、思いというものは誰にでも、いつでもあります。思いを推しはかるという言葉があるのは、「あなたは、今何を考えていますか」などと聞くことは野暮なことだ、ということなのでしょう。もし、こんなことを考えていますと返答されたとしても、本当のことを言ってくれたのか、適当に受け流されているのかは、よくわかりません。

　人の思いや考えは、発せられる言葉ばかりではなく、表情やしぐさ、身体の動きなどにも表れます。表れた言動によって、私たちは他者の思いに近づこうとします。つまり、**人を理解しようとするとき、その人にどのような動きが見られるのかが、とても大切な情報となるのです**。気持ちが顔に出る、気持ちが行動に表れるというように、利用者の思いも動きとなって私たちの前に姿を見せます。したがって、利用者の「動き出し」は、本人の気持ちそのものということもできそうです。

2　意思は見えなくても「動き出し」は見える

　私たちが意思決定をするとき、どのような過程をたどっているのでしょうか。一般的に、「自分自身の今の状態を認識する」→「習慣や過去の経験などから選択肢を想定する」→「ある選択をした際に起こり得る状況を予測する」→「何らかの決定を下して動き出す」という流れがあると思います。つまり、**"意思決定は動き出しとなって表れる"**のです。改めて、意思は動き出しによって判断できるものといえそうです。したがって、利用者の「動き出し」を尊重したかかわりが必要です。

　利用者の「動き出し」の背景には、「自分自身の今の状態を認識する」という認知機能や感覚機能、「習慣や過去の経験などから選択肢を想定する」という記憶の作用、「ある選択をした際に起こり得る状況を予測する」という少し先の未来へのイメージがはたらいています。主体的であるとは、自分が自分であることを確信できる自己同一性とも表現できます。私たちは、過去の自分は今の自分と同一であると実感できますし、今の自分から少し先の未来を予測できるから安心して動けているのです。「動き出し」は、自分が過去から現在、そして未来へとつながっているという自己同一性があることの表れです。**意思は見えなくても「動き出し」は見えます。意思決定の結果である小さな「動き出し」は、まさに利用者の主体性を意味するものであり、利用者を理解することの大切な情報でもあるといえそうです。**

　「動き出し」を尊重するということは、利用者をしっかりと見ていることであり、利用者を見ているということは、利用者を理解することになっているのです。

3 その人らしさも「動き出し」から

　病院や施設のベッドで臥床している利用者とかかわるなかで、きっと早々に離床するだろうと潜在能力を感じさせる人と、そう感じられない人がいます。前者に共通して見られることは、動けないように見えていても周囲へ関心を向ける「動き出し」が見られることです。つまり、目に入ってくる刺激、耳に入る声や音などに自ら意識を向けているということです。したがって、介護者のかかわりという他者からの刺激にも柔軟に対応することができています。

　一方、後者は覚醒していても、周囲へ関心が向けられておらず、その結果、自身に入ってくる刺激（介護者による接触など）に過敏に反応（抵抗する、突っ張るなど）する、あるいは刺激に反応しないなど、「誤反応」ととられてしまうような反応を示す場合もあります。

　私たちは利用者に対して「その人らしさ」をどのようにとらえているでしょうか。いわゆる寝たきりとされる状況やそれに近い利用者であるほど、**たとえ些細な動きであったとしても、周囲と関係を築こうとする姿や関心を向けようとする姿に、その人らしい何かを感じとっているのではないでしょうか。**

5 動き出す人はできる人

1 「動き出し」の意味とは

　田口茂氏は「物体を手に取ろうとする、あるいは裏返してみようとするとき、そこにはもうすでに、『私はそれを手に取ることができる、裏返すことができる』という意識が働いている」[4]と述べています。言い換えると、「できる」という意識があるから「動き出す」のであって、「動き出す人」は「できる人」とみなすことが可能であると、哲学や現象学ではとらえられています。

　たとえば、「起き上がれますか」と聞いて動き出す人は「起き上がれる人」であり、「立てますか」と聞いて動き出す人は「立てる人」ということになります。これは極端な話ではなく、全国の介護現場で証明されてきた事実です。もちろん、起き上がることや立つこと、歩くことなどが突然、一人でできるようになると言いたいのではありません。"動き出す人はできる人"とみてかかわることにより、「動き出し」という利用者のチャレンジに寄り添った介助をすることにつながり、起きる、立つ、歩くという動作を主体的に、本人の動作として経験してもらえることになるのです。一方で、「どうせできないでしょう」「できるはずがない」と決めつけることで、"動き出す人はできる人"と見えるはずのところを、簡単に見えなくさせてしまいます。

　私たち介助者は利用者から信用してもらう以前に、私たちが利用者を信用することから始める必要があると思います。「動き出し」に表れた"できます"という利用者の意思を、まずは信用することです。**信じてくれていない人の前でチャレンジする人など、いないのではないでしょうか。**

「私はコップを手に取ることができる！」

2 小さな"できる"は、次なる"できる"につながっている

　　生活は、食事や排泄、整容、着替えなどの動作の断片の組み合わせではありません。それぞれの動作は、無数の小さな動きの連続と集まりによってできあがります。また、それぞれの動作も無数の小さな動きによって、切れ目なくつながることで生活となります。つまり、今の動作は少し前の動きからつながったものでありますし、次の動作は今の状況から、小さな動き（動き出し）がきっかけになってつながるものです。**小さな動きが連続してつながった結果として、はじめて動作や活動は意味のあるものとして見えてくるのです。**したがって、最初の小さな"できる"（動き出し）を見逃すと、次なる"できる"につながらないことになります。

　　「介護は、利用者の動きを支援していると同時に邪魔をします」。これは、介護現場の皆といつも振り返る言葉です。"できる"を見逃されてつながらなかったことは、不要な介助によって利用者の意思とは異なる動きに導かれてしまうことにもなりかねません。利用者と私たちの介助がそれぞれ異なる方向へ動くことになれば、力の衝突や引っ張り合い、思わぬ加速など、お互いにとって望ましくない状況を招きかねません。それは、「介護に抵抗している」などといった、利用者に一方的に非があるものではなく、主体と主体のぶつかり合い、主導権争いにすぎないものであると思います。**"する"主体はあくまで利用者です。小さな"できる"を介助でつなぐことが大切です。小さな"できる"を見逃すことは、介助者自身が介助の量を増やしてしまうという悲しい状況を引き起こしてしまいます。**

3 「動き出し」は世界と自分のかかわり

　　自動車や自転車の運転、電車やバスに乗ること、歩くこと（自立歩行だけではなく、杖やシルバーカー、歩行器を使用した歩行など）、車いすを自走することなど、手段にかかわらず、自分で移動する人には生活者としての姿が表れています。生きていることは絶えず、「物事」とかかわっていることだと思います。**「その人らしさ」も、おそらくその人がどのような物事に、どのようにかかわっているかという姿を見て想像されるのだと思います。**無数に存在する物事にかかわる可能性は、移動することで支えられています。移動することによってさまざまな世界に出会い、気づき、

こころを揺さぶられる体験をすることができます。

一方、病気や障害などにより、**移動能力が狭められた状況にある利用者は、物事とのかかわりも必然的に減ってしまいます。その結果、動く、感じる、感情が湧くという大切な心と身体のはたらきの廃用をもたらすことになります。**

哲学者の河野哲也氏は、「移動によってこそ動物の内部と外部は知覚的に分かたれる」[5]と説明しています。つまり、移動によって自己を主体的に感じられるのだと思います。

移動とは歩くことばかりではありません。離床することもベッドから身を起こすという大切な移動ですし、移乗することもベッドから車いすへの移動ということになります。先ほどの田口氏の言葉を借りれば、起き上がろうとするとき、そこにはすでに「自分は起き上がることができる」という意識が、移乗しようとするとき、そこにはすでに「自分は移乗できる」という意識がはたらいているということになります。つまり、「動き出し」は小さな移動であり、小さな移動は、利用者が周りの世界や物事と主体的に関係を結ぶ大切なものです。よほどでない限り、「動き出し」は目線の動きでも、指先の動きでも必ずあります。したがって、**利用者の「動き出し」を大切な移動の始まりととらえることで、生活者としての主体性がみえてきます。**

6 「動き出し」の尊重が信頼関係につながる

1 埋もれた「できる」への気づき

　私たちは、本当に"目の前の人"を見ているでしょうか。見ようとしているでしょうか。病前や過去の姿、また自分を基準にして、"できない人"として見ていることはないでしょうか。

　人から発せられる言動に意味や意図があることは、子どもから高齢者まで、病気や障害とは無関係に共通です。わずかな動きや聞きとれないほどの言葉に意味や意図を感じようとするとき、主体者としての"目の前の人"がみえてくるものと思います。

　"かかわり"なのか、"余計なお世話"なのかは紙一重です。つまり、利用者を相対的に弱者とみれば、「あなたのためにしてあげます」という一方的な介助がまかり通ってしまいます。そこに「待つ」という隙間は必要ありません。しかし、何かとの比較ではなく、今、この瞬間が利用者の生活そのものであると見れば、とても小さな言動に意味を見出し、感じ、待ち、応じる"かかわり"にもなります。

　発見されない、認められない主体性は、私たち他者に見せることなく埋もれ、本人さえも気づかないものになってしまいます。そのようにして、"できない人"に慣れることを強いられることになるのです。埋もれた"できる"への気づきは、私たちが目の前の利用者をどう見ようとするかにかかっています。

2 疑わないことが信頼関係につながる

　「やろうとしているのですね」「それでいいですよ」「何も間違っていませんよ」「どうぞ自信をもってやってください」などという言葉に利用者はとても安心し、さらに動いてくれることを、私たち介助者は多く経験していると思います。これらは歯の浮くようなお世辞でもなければ、根拠のない励ましでもありません。事実を伝えているからこそ、安心して動くことができるのだと思っています。身体で覚えたことは忘れないのですから、本人の動きはすべて正しいこととして肯定します。

　健康で体力もある私たちの枠組みで利用者の動きを見れば、「修正したい」「こうすればよいのに」などと見えてくるのかもしれません。しか

し、それはあくまで私たち目線で見た場合のことです。利用者の動きの意味や、それが次にどうつながっていくのかは、動き出してみないと本人にもわかりません。**できるかどうかわからず、不安に感じるなかで動き出してみる…。それが肯定されることによって、安心して、また動きがつながる…。そうするうちに、「なんだかできそうだ（身体が思い出す）」と感じられる**のでしょう。私たちの介助も自然とその動きを邪魔しないよう、動きを促すようなものとなります。

　また、「動き出し」を認めることでコミュニケーションの機会が増えます。それは利用者の表情、身体の動き、言葉から多くの気づきとかかわりのきっかけをもらえるからです。意思決定の結果として「動き出し」があるのですから、「動き出し」に応じた声かけをすることが自然なコミュニケーションを促してくれます。

　かかわるとは、私たち介助者の利用者へのかかわりではなく、「動き出し」という、利用者の私たちへのかかわりに対して、私たちが気づき、応えていくものだと思います。それが双方向の関係を築いていきます。利用者に「動き出しがある」と疑わないことが信頼関係には重要です。

048

3 介助のハンドルは利用者に握ってもらう

　「動き出しは本人から」の取り組みは、逆転した主体と客体を元に戻すことです。つまり、「利用者主体の介護」にするということであり、当たり前を実践することです。その動作を行うのは、まぎれもなく利用者本人になります。利用者は、いわばハンドルを握るドライバーです。しかし、一度、介護を必要とする状態に陥ると、そのハンドルを他者に握られてしまいます。他者の運転では不安に感じるように、ハンドルは自分が握っておきたいと思うのが普通です。自ら動き出すことは、たとえ、それがほんのわずかな動きであっても、ハンドルを握るのは利用者本人になるということです。

　ハンドルを握るドライバーは、快適性も危険性も自ら感じることができますから、さまざまな局面に対処することができます。ハンドルを握らなければ、危険を回避するすべも使うことがなくなります。時速40キロメートル程度のジェットコースターが恐ろしく感じる要因の一つは、自分ではアクセルもブレーキも踏めず、完全に他者にコントロールをゆだねている状態であるからです。一方的に介助されている状態は、利用者にとっては、身体のコントロールを他者にゆだねているのと同じです。自ら危険を回避することがむずかしい状況なのです。**安心・安全のための介助のはずが、実は利用者に恐ろしい思いをさせているかもしれないのです**。失敗しながらも本人を信用し、ハンドルを握り続けることを支援する、すなわち「動き出し」を尊重することが利用者にとって安心・安全なことであると認めることは、信頼関係においても大切なのです。

コラム　スキルを上げる近道③——自分を客観視する

　録音された自分の声を聞いて、その違和感に驚いた経験をした人は多いのではないでしょうか。また、ホームビデオに映る自分の姿に気恥ずかしさを感じたことのある人も多いと思います。自分を客観視することに慣れていないからこその驚きと恥ずかしさなのかもしれません。

　「動き出しは本人から」の取り組みでは、ふだんの介護を映像に残し、後で見て振り返ることを基本にしています。まずは、自分自身を俯瞰することに慣れることです。丁寧な言葉遣いで、利用者主体で、ゆっくりと安全に……などと思って行っていても、いかにそれが"つもり"だけであったかが映像を通じてよく認識できるようになります。残された映像には、事実があります。雑な言葉遣い、速くて粗い介助……。

　また、利用者が介助を受け入れられていない様子、つまり介助によって身体が緊張していたり、恐怖で表情が強張っていたりする一方で、利用者が動き出そうとしている様子や何気ない動きのなかにみえる気持ちなど、一つの動作の映像にも多くの気づきがあります。何度か見直すうちに、冷静に客観的に自分を見ることができるようになります。

　もちろん、悪い側面ばかりでなく、利用者とよい関係のとれた介助やコミュニケーションも映し出されますから、うまくできているところは自信になり、改善すべきところは具体的にどうすべきだったのかがみえてきます。医師が手術の場面を、スポーツ選手が競技映像を何度も繰り返し見て、技術やフォームの調整を図ることがよくあります。介護技術も同じように、自分を客観視する機会がスキルを育むことにつながるのだと思います。

第3章
「動き出しは本人から」の実践

利用者の「動き出し」に気づき、本人の能力を活かす介護を行うために、具体的な手段を紹介します。私たち介助者が行っておきたい準備や、起床から移乗に至る一連の基本的な身体介護、ポジショニングをとりあげます。

1 準備を大切にする

1 「支え合い」「察し合い」

1 プロの仕事には準備が必要

　「介護技術」といわれるように、介護は経験によって磨かれていくものだと思います。また、ケアに携わる職種は、介護福祉士、ホームヘルパー、あるいは看護師、作業療法士など資格や背景を問わず、その道のプロとしての自負をもって仕事をしてると思います。プロの仕事には毎日の準備が欠かせません。たとえば、試合前にキャッチボールをしないプロ野球選手はいませんし、パス練習をしないサッカー選手もいません。では、私たちにはどのような準備が必要なのでしょうか？

2 介護を行う準備とは

　介護は、私たち介助者と利用者が2人で一つの動作を全うする二人三脚のようなものだと思います。息を合わせ、お互いの能力を出し切るように協力します。感じ合い、察し合う力を必要としています。なぜ、感じ合い、察し合う必要があるのか？　それはお互いが意思をもち、動いている存在だからです。

　一方が動かないのであれば、力学的に有利な方法で介護をすれば済むことですし、その方法は力学の知識を使えば簡単に導くことができます。しかし、**二人三脚やダンスがそうであるように、お互いが動くなかで何かを成し遂げることは非常に複雑なことですし、むずかしいことです**。私たちに必要な準備は、相手の動きを感じられること、察することができるような心と身体の構えなのだと思います。

3 「自分と相手の身体を感じる」レッスン

　演出家の鴻上尚史氏の著書『表現力のレッスン』のなかで「自分と相手の体を感じる」というレッスンが紹介されています[6]。それは、お互い向き合って床に座り、適当な長さの棒をお互いの指先同士で支え合い、目をつむった状態で、かけ声なしでお互いの動きを察し合いながら、棒を落と

さずに立ち上がるというものです。

演技には俳優同士のセリフや振る舞いの間(ま)が大切なのだろうと想像しますが、このような手段をレッスンに用いるそうです。私たちの仕事においても、自然に利用者の言葉や動きの間(ま)を感じて、察することができるようにしていたいものです。

実際に、ゲーム感覚で行ってみるとわかりますが、指先だけで相手の動きを感じることはとてもむずかしいですし、自分の動きだけに集中しても、相手の動きを待ちすぎても棒は落下してしまいます。まさに感じ合い、察し合うことなしにうまくいくことはありません。介護を行ううえで感じ合うこと、察し合うことの大切さに気づくことができます。

準備演習1 「自分と相手の身体を感じる」レッスン

① 向かい合って座り、棒の先端を指先で支え合います

② 目を閉じて、かけ声なしで棒を落とさないように協力して立ち上がります

③ 常にお互いの動きを察し合わなければ、棒は落下してしまいます

④ 棒を落下させずに立ち上がることができたら成功です

「全介助」を受けてみよう——だれが舵をとっている？

1　共感は"共通の体験"から

　利用者に共感することの大切さは、誰もが否定しないと思います。しかし、健康である私たちは、他者から介護される経験はほとんどないため、介護が必要になった状況で何とかして動こうとすること、あるいは介護されるとはどういうものなのかを経験することはできません。**一口に共感と言っても、他者が感じるものを共有することは不可能です**。だからこそ、せめて他者に自分の身体をゆだねることの恐ろしさ、不快感、緊張などを身をもって体験することが、共感への第一歩になると思います。

2　介護される体験

　信用している相手であっても、身体の動きをすべてゆだねることは恐ろしいものです。介護される体験をしてみると、まず、他者の手が自分の身体に侵入してくることに不快感を覚えます。身体や表情は無意識に強張ります。そして、強張った状況から不意に介助されることは、非常に恐ろしいということがわかります。

　他者の手が自分の身体に何か攻撃を仕掛けてくるはずはないですし、他者が自分の身体を動かし、どこかに投げ落とすわけでもありません。しかし、私たちは、目の前に現れた虫や小動物にさえ身構えてしまいます。それは、**自分ではない何か、つまり他者も虫も小動物もその動きを確実に予想することは不可能だからです**。他者の手でくすぐられると耐えられないことがありますし、他者の手が迫るだけでも身体にくすぐったさが走ることがあります。いつ、何をされるかわからないという事態は、私たちにとって大変受け入れがたいものなのでしょう。

3 介護を受け入れる体験

　他者に身体の動きをすべてゆだねる場合でも、いまから何をされるかわかっている場合は、それだけで状況は変わります。予想できないこと、予想に反することは恐ろしく、受け入れがたいのですから、私たちがすべきことは決まっています。それは、利用者が予想できるようにかかわること、利用者にとって予想どおりの結果を導くことです。**次に何をするのか、どこを触り、どう動かすのかを明確に伝えることです。そして、伝えたとおりに介護を行うことです**。つまり、私たちの声かけや身体への接触は、利用者が自分の身体の動き（変化）を予測し、動きを受け入れるために行うものなのです。

　しかし、もっと確実に予測できる、つまり何より受け入れられる、安心できるすばらしい方法があります。それは、自分で動く（動き出す）ことです。自分で動き出す場合は、覚悟が決まっています。そして、**自分の動きは、確実に予測できます。したがって、自分で動き出すこと以上に安心で安全な方法はないのです**。自分で自分の身体をどんなにくすぐっても、少しもくすぐったくありません。それはどこを、どんな力でくすぐるか予測できるからです。

　ほんの30cmほどの高さから飛び降りるとして、もし目隠しをされた状況であれば、一瞬、躊躇するでしょう。ましてや、誰かに背中を押されたとしたら、恐怖で身体は硬直します。他者からされることがいかに恐ろ

しいことか、それに比べて、自分で覚悟を決めて飛び降りる（動き出す）ことがいかに安心か、このような場面を想像してみると明らかです。

　自分から動き出すことは、舵とりを任せられることです。船頭は一人なので、船は船頭の舵とりに従って進みます。船頭を利用者にして、**利用者の動き出しに合わせて介助することでお互いの動きが合わせやすくなります。**

準備演習2　「全介助」を受けてみよう

【予測できない介助】

①身体に介助の手が侵入するだけで、利用者役は顔をしかめ、全身が緊張します

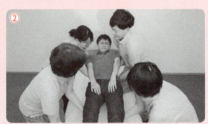

②利用者役には予測できないタイミングで、20cmほど持ち上げるだけでも非常に恐ろしいことがわかります（高く、また、速い速度で持ち上げられたと感じます）

【「動き出し」からの介助】

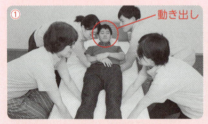

①頭を持ち上げるという利用者役の動き出しのタイミングで介助します

②「動き出し」から始めるだけで、利用者役の恐怖感はかなり少なくなります。また、介助も楽に感じられます

3 場を共有する

1 アイコンタクトは何のため？

　コミュニケーションの基本としてのアイコンタクトの重要性は、誰もが疑わないものと思います。『大辞林　第3版』（三省堂）には、アイコンタクトとは、「意思や態度などを相手の目を見ることによって伝達しようとすること」とあります。何か伝えたいことがあるときは、相手の目を見ることがマナーという暗黙のルールが存在しています。

　私たち介助者も、利用者に自分の存在を知らせて気づいてもらうという意味で、目を見て伝えるのだと思います。そして、視線が返されてはじめて後に続く声かけや、介助のための身体への接触が意味あるものとして利用者に届きます。それは、**利用者と私たちがアイコンタクトを通してその存在に気づき合い、一つの場を共有したことで成し得るものです。**

　介護は利用者の生活空間で行われますから、場の共有は利用者の空間に招き入れられるようなものだと思います。少し離れた位置からも視線を返してもらえるのであれば、共有する場が広がったこと、つまり関係の深まりを意味するのかもしれません。一方、利用者の顔を覗き込んでも視線が返ってこないような状況での介護は、お互いを感じ合うことにならず、うまくいきません。

　大きなスポーツの試合後に、渋谷のスクランブル交差点で見知らぬ若者同士がハイタッチやハグでコミュニケーションする……。ふだんではあり得ないこのようなコミュニケーションが成立することは、その交差点に祝福し合うという「場の共有」があるからだと思います。お互いの発信（動き出し）を受け止め合えることは、場を共有していることにほかなりません。**場を共有するからこそ、お互いの発信の意図が伝わりやすくなるのです。**

　自分の存在に気づいてもらうことでその場を共有する。そのためのアイコンタクトであり、ただ相手の目を見て伝えるというコミュニケーションのマニュアルにせず、利用者との場の共有を大切にするという態度が必要です。**利用者の空間に招き入れられることで、利用者のさまざまな発信（動き出し）に気づくことになります。**

2 伝わると思って伝えること

　場の共有が成立することによって、お互いの発信を伝え合う準備が整います。先のスクランブル交差点の例では、国籍、年齢、性別、職業などあらゆる垣根を越えたコミュニケーションが交わされます。ふだん私たちは、「認知症だから」「耳が遠いから」「目を開けてくれないから」など、**さまざまな理由をつけて"伝わらない"という前提で、利用者とかかわっていることがないでしょうか**。「理解力が低下している」「難聴がある」「覚醒が低い」などという心身機能の情報は、利用者に伝えようとする発信力を弱らせます。

　アイコンタクトを返してくれる、返答がある、うなずくなどの歓迎のしぐさは、すべて場の共有から生じるものです。したがって、私たちは、場の共有が得られたことを利用者の動き出しから汲みとり、自分の言葉の意味や介助のために利用者の身体へ触れる意味が伝わる、伝わっているという前提でかかわることが大切です。なぜなら、**伝わるという思いで伝えなければ、伝えられる側は受け止めようがないからです**。"どうせ伝わらないよね"という思いで、スクランブル交差点に向かって見知らぬ人にハイタッチする人はいないでしょう。伝わらないのではなく、伝わる、伝わっているという自信が揺らいでしまっているのです。

3 伝わらなければ、動かない

　利用者は果たして、動けないのでしょうか、それとも動かないだけなのでしょうか？　職員同士で、これを確かめるための簡単な実験ができます。どちらか一方が相手の目を見ずに「立ってもらえますか」など、簡単な指示（お願いごと）を出します。この状況で立ってくれる人は、まずいません。お互いがどんなに近くにいても、場の共有にはなりません。

　しかし、お互いの存在に気づき合い、認め合っていれば少し離れた位置からでも、「ちょっといいかな」という声が届き、相手はたいてい動き出してくれます。場の共有があれば、アイコンタクトがなくても、誰に向けられた一言なのかを私たちは判断し、適切に振る舞うことができます。

　何度声かけしても動いてもらえない、だから、動けない人と簡単に決めつけてしまうのは危険です。場の共有がなされていなければ、私たちの言葉は単なる音です。**私たちの言葉が届かない原因は、私たち自身にあることを認める必要があります**。私たちに原因があるという前提でかかわることで、存在に気づき認めてもらうことに注意を向け、工夫するようになります。アイコンタクトもその一つの手段であると考えれば、利用者の顔を覗き込む前に、私たちの声かけに対する利用者の動き出し、つまり私たちの存在に気づいてもらえたかどうかに関心をもてるようになります。

準備演習3　場の共有と動き出し

【場の共有がない場合】

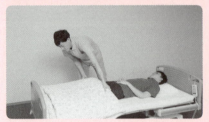

利用者役の目を見ることなく、場の共有がなければ、声かけに反応できません

【場の共有が得られた場合】

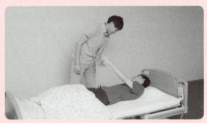

利用者役の目を見て場の共有が得られることで、声かけに反応し、動き出しが見られます

コラム　業務が忙しくて、「動き出し」を待つ時間なんてない？

　1秒間、1分間、1時間などの間隔は、いつでもどこでも変わらないのに、時間は状況に応じて伸び縮みしているように感じます。「時間の感覚は新鮮な体験の量で決まる」（ジャネの法則）という説があります。つまり、子どもの頃は新鮮なことばかりですから、体感する時間も長いのだそうです。

　旅行に行ったり、趣味で好きなことをしたりしているときは、新鮮な経験が多いでしょうから、時間がゆっくり流れる感じがするのも納得します。一方、仕事はどうでしょうか。良きにも悪しきにも同じことの繰り返しということが多くなることを考えると、年齢が上がり経験が増えるほど、時間が短く感じられる、余裕がもてなくなると想像することができます。

　「業務が忙しい」「動き出しを待つ時間なんてない」というのは、実は「いつもの業務」に追われて新鮮な体験が少ないがゆえの発言だともいえそうです。忙しいからこそ、あえて利用者の「動き出し」を待ってみる、そこに新鮮な発見があり、それが日常的になれば、結果的に時間がゆっくりと流れ始め、"待つ"ことが当たり前になるのかもしれません。

2 基本技術を身につけよう

1 ベッド上での動き

1 ベッド上で安楽にいられること

　個人差があるものの、私たちは平均して一日の約3分の1の時間はベッドや布団の上（以下、ベッド上）で過ごしています。ベッド上はいうまでもなく休息の場ですから、そこでいかに安楽に過ごせるかはとても大事なことです。枕の位置や布団への包（くる）まりかたなど、私たちは安楽を得るためのポジションを探し、"さあ眠ろう"となります。しかし、せっかく探した安楽のポジションは1時間どころか、数分さえもたない場合もあります。「ベッドでゴロゴロして過ごす」などという表現もあるように、**ベッド上で自由に動くことは安楽を得るためであり、安楽の条件のようなものかもしれません。**

　一方、利用者に目を向けてみるとベッドに横になったあと、あまり動いていない印象があります。また、ベッド上で動きの少ない人ほど、要介護度が高いという印象があります。反対に、**ベッド上でも動きが活発にある人には、そこから何らかの動作ができそうだと想像します**。つまり、私たち介助者は利用者の**ベッド上での安楽**について、**ポジショニング**という"静"の視点と同時に、安楽を自ら得ようとする"動"の視点ももつ必要がありそうです。

2 ベッド上で安楽に動けることは、動作につながる

　ベッド上で少しでも動きがあるということには、重要な意味があります。身体の位置（姿勢）が変わるときには、目に入る景色、聞こえてくる音、皮膚の伸び縮み、関節の動きなど、身体に入ってくる感覚が次々と変化しますが、常に自分の身体の状態について感じられることは、動くための準備も整えられていることになるからです。たとえば、食事中にテレビに見入っていると、箸を落としてしまったり、授業中にぼーっとして、鉛筆を落としてしまったりすることがあります。人の身体は、入ってくる感覚の変化がなくなると、自分の身体の状態が感じられなくなるのです。スポーツなどで、自分がプレイにかかわらない場面でも常に身体を動かしているのは、動いていることで身体の状態を感じとり、いつでも動ける準備が整えられるからなのです。

　利用者を寝かせきりにさせてしまうと、ますます動けなくなることにはこのような理由があるのです。利用者を少しでも安楽に動ける状態にすることが大切です。**動けなくなった利用者に対して、筋力が衰えた、身体が硬くなったなどということで片づけてはいけないということになります。**

2 寝返りの動作

1 目の動きを大切にしよう

　私たちは視線を動かすことで、周囲の情報を得て動くことに役立てます。したがって、目の動きは動作に先行します。一見して動きが乏しいように思われる利用者であっても、周囲の状況に関心をもち、キョロキョロと目がよく動いている人は、動作に向かう能力が隠れていることがあります。動作をすることがいよいよむずかしくなってきた人ほど、動くために情報を得ようとする動き、つまり目の動きも少なくなるようです。ベッド上でもキョロキョロと目の動きが活発な人を見たら、この人はもっと動けるかもしれないと想像してみてください。

　洋服屋のマネキンは姿かたちは人間そのものですが、そこに生命力は感じません。しかし、単なる物体に目のようなものをつけ、またその目が動くとそこに生命力を感じるものです。

2 目の動きと首（頭）の動き

　視線を動かすと、首も必ず動きます。利用者の首が硬いという印象をもっている人が多いと思いますが、首の硬さは、周囲に関心をもち、情報を得ようとする、さらに自ら動き出そうとする気持ちが薄れてきた結果とも解釈することができます。**首の硬い人には、首のマッサージや首の運動をするよりも視線を動かすようにすると、連動して首も動かしやすくなります。**

　首の動きは、寝返りや起き上がりなど、動作を方向づけるために大切です。目の動きは、首の動きを引き出し、首の動きに方向づけられて身体全体が動作に向かっていくことになります。

> **実践演習1** 目が動くから首が動く

【目の動きがない場合】

利用者役には天井の一点を見つめてもらいます。目の動きがない状態で首を左側に向けようとします

首は硬く感じられ、うまく左側に向けられません（利用者役も無理に介助されたと感じます）

【目の「動き出し」がある場合】

利用者役には、先に視線を左側に動かしてもらいます

首は簡単に左側に向けることができます（利用者役も苦痛なく介助されたと感じます）

【目の動きがない場合】　　　　　　　【目の「動き出し」がある場合】

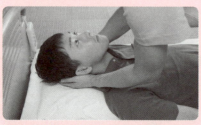
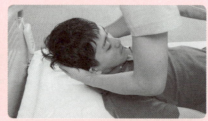

利用者役には天井の一点を見つめてもらいます（見上げる状態）。目の動きがない状態で首を持ち上げる介助をします。首は硬く感じられ、うまく持ち上がりません

利用者役には先に視線を下げてもらい介助します。首は簡単に持ち上がります（利用者役も苦痛なく介助されたと感じます）

3 寝返りの動作と身体の突っ張り

　体位変換などで利用者の身体の向きを変えることがあると思いますが、その際に利用者の身体がとても重く感じられたり、突っ張って抵抗されているかのように感じられたりすることがあります。利用者によっては、"落ちる！""危ない！"と表現する人もいます。そのような言葉から想像すると、自分では寝返ることができない人にとっては、寝返ることは自分を支えていたベッドから、身体が空間に投げ出されるような感覚なのでしょう。また、自分では立ち上がることができない人にとっては、立ち上がることは支えてくれていた座面から空間へ飛び出すような感覚なのでしょう。

　つまり、自分で動くことが少なくなってきた人、さまざまな理由により臥床状態が続いた人にとって、**身体の支えがはずれることは恐怖であり、緊張を伴うものと理解することができます**。「準備演習２」（p.56）で体験したように、不意に身体を動かされると私たちも恐怖を感じます。結果として、無意識に身体が突っ張ったり、緊張で身体がすくんだりすることになるのも当然のことといえます。

　視線が動かないまま寝返りの介助を行うことと、視線が先に寝返る方向に向けられてから介助を行うことでは大きな違いがあることがわかります。しかも、それは介助を行う私たちの負担が軽くなるだけでなく、介助される側の負担も軽くなるのです。つまり、介助を受け入れやすくなり、「スムーズに動けた」という実感が伴うのです。

　実践演習をしてみるとわかるのですが、寝返る方向に視線を向けてから寝返りを介助することで、介助者は"相手が自分から動いていたのでは"と感じますし、利用者（役）も自分で行った感じがするようです。つまり、**視線の動き出しだけでも意識することで、利用者主体のかかわりになるということがわかります**。

実践演習2　目が動くと身体も動きやすい

【目の動きがない場合】

利用者役には天井の一点を見つめてもらい、目の動きがない状態で寝返りを全介助で行います。利用者役の身体は硬く、突っ張ったように感じます（利用者役も無理に介助される苦痛を感じます）

【目の「動き出し」がある場合】

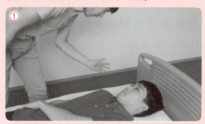

① 利用者役には、先に視線を寝返る方向に動かしてもらいます

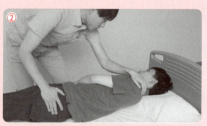

② 目の動きがない場合と比べて、介助しやすくなることがわかります

【首までの「動き出し」がある場合】

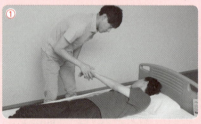

① 利用者役には、先に首まで寝返る方向に動かしてもらいます

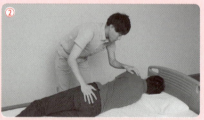

② さらに介助は楽になり、全介助のはずが利用者役が動いているように感じられます（利用者役も苦痛なく介助されたと感じます）

4 動きのレールを敷く。動きの空間を小さくする

　動作を行う空間は左右、前後、上下あらゆる方向に広がっています。だからこそ、私たちは寝返り一つとってもさまざまな手段（方法）でそれが可能となり、自由に動けているのだろうと思います。

　しかし、利用者にとっての空間は、あまり広すぎてもそれが不安の原因になり、動きを抑制してしまうといった側面がありそうです。水泳を例に考えてみるとわかりやすいかもしれません。身体が水に浮くようになると、まずはプールの壁より少し離れた位置から泳ぎ出し、壁にタッチします。少しずつその距離を延長し、その結果、25メートル、50メートルを泳げるようになります。また、プールにはレーンが張ってあります。レーンの中を泳ぐことでまっすぐ泳ぐことができるようになるのだと思います。どんなに泳ぎが堪能な人でも大海原で不安なく、安心して岸を目指して泳げる人は少ないと思います。したがって、**利用者の動きを引き出すには、動きを方向づけるようなレールを敷いたり、空間を小さく限定したりするような工夫をしてみるとよいです。**

実践演習3　動きのレールを敷く

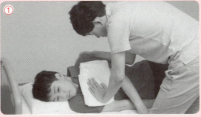

① バスタオルに身をあずけるようにしてもらうと、利用者役は安心して動き出しやすくなります（突っ張るような身体の反応も少なくなります）

② 介助者の手で動きの空間を区切ることで、利用者役にとっては動く量が少なくすみ、動きが方向づけられ、動き出しやすい環境となります（介助者は利用者役の動き出しに応じて、自分の手の位置を動かします）

3 起き上がりの動作

1 動き出しを誘う

i 支えと動き出し

　動作を介助するとき、私たちは、その動作が完了するように身体の動きを介助しようとします。寝返り動作のために身体の向きを変える介助をする、起き上がり動作のために身体を起こす介助をする、などといったことです。もちろん間違っていると言いたいわけではありません。しかし、私たちのほぼすべての動作は重力に逆らって行われるものなので、単に身体の向きを変えたり、起こしたりするだけでなく、動作のための支え（支点・支持面）を考える必要があります。

　たとえば、腹筋運動が苦手な人も、足元をしっかりと支えてもらうと少しは腹筋運動がしやすくなるはずです。しかも、腹筋運動ができないからとあきらめたり、誰かに背中を押してもらったりすると、"自分ではできなかった"という結果に直面しますが、足元をしっかりと支えてもらった場合は、自分で腹筋運動ができたという感覚、つまり**"自分でやった感"**を得ることができます。この違いは非常に大きいことだと思います。

　利用者の動作も同じです。動作そのものを介助されることは、他者に介助されて動作をしたという結果が残りますが、もし、**"支え"を援助してもらうことで、寝返ることや起き上がることができた場合は、少なからず"自分でやった感"を味わうことができるでしょう**。そして、その"自分でやった感"は、次にまた自分で動くことへの動機にもつながります。

> **実践演習4** 支えと動き出し

【支えがない場合】

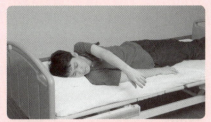

利用者役には、できるだけゆっくりと上半身から寝返りを行ってもらいます。身体に障害がなくても寝返りがむずかしいと感じます

【支えがある場合】

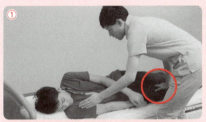

介助者は利用者役の動作の支えとなるように、寝返る側の膝の上あたりを軽く押さえ、反対の手を利用者役の胸の前に置き空間を区切ります。利用者役は、先ほどより楽に寝返りができると感じます

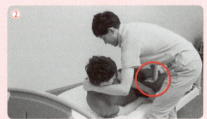

利用者役の身体を起こす介助と同時に、下肢を支えることで、利用者役の起き上がろうとする動き出しを促すことになります

ii 動き出しを誘う準備

　私たちが動作を行うとき、あらかじめその動作がしやすいように無意識に姿勢の準備を行っています。これは、むずかしいことではありません。ふだんの介護でも、立ち上がる前に、少し足を引いてもらうようなことがあると思います。足で踏ん張りやすく、利用者自身の力を発揮しやすくするための準備です。

　このような姿勢の準備は、寝返りや起き上がりの動作では、骨盤（腰）を少し寝返る方向にねじる動きとして行っていることがあるようです。骨盤は大きく重たい部位ですから、ポジショニングの後などで骨盤が寝返る方向と反対にねじれているだけでも、寝返りから起き上がり動作に向かうことはむずかしくなります。したがって、寝返りや起き上がりの動作を介助する前に、少し骨盤を寝返る方向にねじって準備するだけで、利用者が

自分の力を使って動き出しやすくなることがわかります。

　動作そのものを介助すること、利用者が動き出しやすいようさりげなく動作に必要な支えにかかわること、動作の動き出しを誘う準備を整えること、これだけで介助の手段がいくつか増えます。

　一つの動作に対して介助の手段が増えることは、私たち介助者に安心をもたらしてくれます。それは、利用者の体格、障害の部位や痛みなどといった状態に応じてかかわることができる可能性が増すからです。また、**介助の手段が変わることによって、利用者の動き出しも変わり、私たちが思っている以上に、実は利用者はよく動くことができるなどといった、思わぬ一面が見られることもあります**。利用者に対する介助の手段が多いことは、利用者にとって動き出すための有効な選択肢も多くなるということであり、私たちが利用者の能力に気づく可能性も増えます。利用者の能力に気づかされることで、私たちは、その能力を活かすよう介助の選択肢をさらに広げることができます。

実践演習5　「動き出し」を誘う準備

【「動き出し」の準備がない場合】

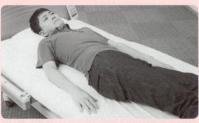

利用者役は、自分の右側に寝返りをしようとしていますが、骨盤が反対側にねじれています。この状態からは、動き出しにくく、必要以上に身体に力が入ってしまいます

【「動き出し」の準備がある場合】

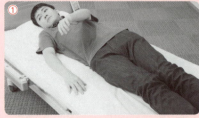

❶ 寝返る方向（右側）に骨盤をねじって、動き出しの準備を整えます

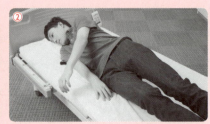

❷ 骨盤の準備があるだけで、動き出しやすく、楽に動くことができます

2 身体は動くのに起き上がれない？

　程度の差はありますが、年齢が増すにつれ心身の機能は衰えます。自分で起き上がることができる人と、起き上がることができない人の差はどこにあるのでしょうか。認知症になったからといって、身体が動かなくなるわけではありません。脳卒中で半身麻痺があったとしても、健側は動かせます。少なくとも、全介助になる理由はあまり見つかりません。したがって、どのような状況の利用者にも「動き出し」はあるはずなのです。

　しかし、そのわずかな「動き出し」に私たちが気づくことができないと、利用者を見る目は変わってしまいます。「動き出し」は動作が開始されるきっかけのようなものですから、**私たちが「動き出し」に気づくことができなければ、"動作は開始されていない"ことになってしまいます。**つまり、その動作はできないと判断され、「介助する必要のある人」にされてしまいます。しかし、身体がまったく動かない利用者はいません。したがって、私たちは「動き出し」を誘い出すことができるはずです。では、どうすれば、あるはずの「動き出し」に私たちは気づくことができるのでしょうか。

　動作は、身体の先端の動きから始まります。つまり、指先や足先、目線、頭の動きからです。ただし、**重要な「動き出し」の身体部位である頭はとても重たく、利用者の「動き出し」を邪魔してしまいます。**

　若いうちはそれほど意識しませんが、衰えた身体で重たい頭を持ち上げつつ、さらに起き上がる動作を同時に行うことは、おそらく大変なことなのだろうと想像できます。まったく起き上がることができないのではなく、頭を持ち上げるという起き上がりのきっかけがうまくいかない利用者もたくさんいます。そう理解すれば、動作を介助したくなる気持ちをぐっとこらえ、とりあえず頭の重みだけ私たちが引き受けて（支えて）みるという手段が見出されます。**頭の重みから解放された身体は、動作に向かって「動き出し」が開始しやすくなります。**

実践演習6　身体は動くのに起き上がれない

① 手足がどんなに動いても、頭が持ち上がらなければ起き上がることはできません

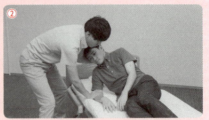

② 頭を支えることでその重みから解放され、起き上がるための動き出しがみられます

3　重たい頭を支える

　利用者の頭を支えて起き上がりの動作を待ってみると、起き上がろうとする「動き出し」があることに気づきます。だからといって、頭を支えただけで起き上がれるようになるほど簡単なことではありません。頭の重みから解放されたことで開始される利用者の動き出しを利用しつつ、介助して起き上がりを導くことになります。

　起き上がりの動作を介助で導くとは、どういうことなのかを考えてみます。起き上がりの動作のゴールは、利用者が座位になっている状態です。人を介助で起こすのは大変なことなので、介助者は少しでも早くゴール（＝座位）に達してお互いに安心したいと思うものです。したがって、**ついサッと手早く介助してしまうことがあると思います。しかし、そうすればするほど、利用者は手も足も出せなくなってしまい、ますます動き出せない状況をつくることになります**。また、私たちもいつも利用者の全体重を引き受けることになり、負担が大きくなってしまいます。

　頭を支えられることで、利用者は動き出せるようになります。したがって、介助の際には、利用者が自分で頭を支えられる位置に導くということだけ意識しておけばよいのです。頭は重いので、頭を支えられない位置では、利用者は常に重力に引かれて倒れていくことになり、介助が大変になってしまいます。簡単にいうと、常に頭の真下に支えがあるように導きます。

実践演習7　重たい頭を支える

【支えの真上に頭がある場合】

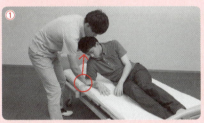

① 支え（右肘）の真上に頭がくるように導くことで、お互いが楽な介助となります

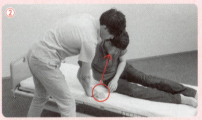

② 次に頭の支えになるのはどこか（ここでは右手）を意識して介助すると、利用者役の動き出しに気づくことができます

【支えと頭の位置がずれている場合】

支え（右肘）と頭の位置がずれてしまうと、利用者役の身体は後方に引かれ、介助の負担も大きく感じられます

4　止まれるから動ける。止まることで身体を感じる

　頭の真下に支えがある、つまり利用者が自分で頭を支えられる位置では、重たい頭は後ろにも前にも引かれませんので、その姿勢を保持することが可能です。ある姿勢で安心して止まっていられると、自分の身体の位置や状態を感じる余裕ができます。自分の身体の状態を感じられている状況では、私たちは自由に「動き出す」ことができます。したがって、ある姿勢で安心して止まっていられることは、動き出せることとセットでとらえるとよいのです。

　むずかしい動き、たとえばダンスを覚えるときには、動きを細分化して覚えていくと思います。ある姿勢からある姿勢へ動きをつなぐことでダンスの一部ができあがります。つまり、ある姿勢で止まっていられることは、次の姿勢まで動けることの前提条件でもあるのです。パラパラ漫画を思い浮かべてみるとわかります。**ある一コマは、止まっている人物が描かれているにすぎませんが、コマからコマに展開することで「動き」が現れます。**

　同様に、安心して座ることができている利用者には、次に車いすのアームサポートをつかみにいったり、靴を履こうとするつま先が動いたりするなど、次の姿勢に向かうさまざまな動きが見られるようになります。**いろいろな姿勢で安心して止まっていられることは、動き出せることの可能性を意味するものなのです。**したがって、臥位の状態からいきなり座位にしてしまうような介助は、利用者が動き出す可能性を奪うことになります。利用者本人が支えられる位置に頭を導き（実践演習7写真①②）、そこで一呼吸おいてみましょう。導いた姿勢で利用者が安心感を得ているのであれば、座位に向けた次の「動き出し」の一コマにつながるはずです。

> **実践演習 8** 止まれるから動ける。止まることで身体を感じる

【止まれるから動ける】

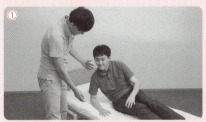

① 支え（右肘）の真上に頭がくるように導きます。支えの真上に頭があると、その姿勢を保持しやすくなります

② 自分で姿勢を保持する（止まる）ことができるとき、座位に向けた動き出しの一コマを自らつなぐことができます

【止まること】

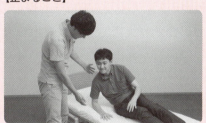

ある姿勢を保持する（止まる）ことは、自分の身体を感じる大切な機会になります

コラム　共通の言葉

　各地の介護現場で、「○○さん、動き出しありますよね…」「動き出しが見られたので介助方法を変えてみました」「動き出しまで待てている？」など、「動き出し」という言葉が職員の共通の言葉として用いられるようになってきています。専門用語ではありませんので、介護職以外にも看護師やリハビリテーション職、ケアマネジャーなど職種の垣根を越えた連携のキーワードとして「動き出し」が活かされています。言葉が通じ合うことは、それぞれの立場を理解することに役立ちますし、お互いを尊重し信頼も抱きやすくなるでしょう。そして、"「動き出し」に表れる利用者の思い"を中心に据えたコミュニケーションによってケアの方向性が統一されるのであれば、それが何より望ましいことだと思います。

4 座位

1 「座れている」状態とは

i 何のための座位か

　生活動作だけではなく、家事や仕事、趣味、娯楽に至る活動のほとんどが、座って行うか、立って行うものばかりです。したがって、座位は、動作や活動に向かうための大切な姿勢であるといえます。施設などでも、休息は取りつつも日中はできる限り座って過ごしてもらおうと、さまざまな工夫をして利用者の生活にかかわっているものと思います。

　一方で、「端座位は保持できない」「肘掛けのないいすは危険」「ソファでは立ち上がりの介助が大変になる」など、利用者が座って過ごす機会や場所は、意外に限られたものになりがちです。そうすると、どうしても車いすに座っていることが多くなってしまいます。車いすを自由に操作し、本来の目的である移動手段として使っている人はよいと思いますが、特に**個人用にオーダーされていない車いすに長時間座り続けることは苦痛で、かえって利用者の心身の活動を奪ってしまうおそれがあります。**

　車いす上は、背もたれや座面シートのたわみなどで身動きがとりにくいものです。車いすに座り、テレビの前で居眠りをしている利用者の姿を思い浮かべることができると思いますが、心身の活動が停滞してしまって眠ってしまうのは、利用者の責任ではありません。これでは、ベッドで臥床している状態から"形だけ座位に変化した"にすぎないことになってしまいます。せっかくの利用者へのかかわりが、生活に結びつかないものになっているのです。

ii 周囲に視線を向ける余裕

　単に"座っている姿勢"をとってもらえればよいというわけではないとすると、「座れている」とはどういう状態なのか、考えてみたいと思います。

　動作や活動に向かう座位とは、どのようなものなのでしょうか。①の「ベッド上での動き」でも触れましたが、目の動きには自ら情報を得ようとする目的があります。車の運転を想像するとわかりやすいと思います。前方を見つつ、バックミラーやドアミラーに注意を向け、信号や障害物、歩く人に視線を向けます。どれも安全で快適な運転のための情報を得るのに必要な目の動きです。また、公園や駅などどこでもよいのですが、座って過ごしている人を観察してみると皆、常に視線が動いていることがよくわかります。反対に視線の動きがなく、一点を見つめているような人は、「具合でも悪いのかな」「悩み事があるのかな」と見えてきます。

　余裕のない状態を"フリーズする"と表現することがありますが、視線が固まると簡単に身体全体が固まります。利用者の座位も同じです。安全に座れている人、すなわち、**座位で動作や活動に向かうことができる人は、視線を自由に動かし、周囲の情報を自ら得ようとしています**。しかし、うまく座れていない人には、そのような視線の動きはあまり見られません。

　生活のなかで、動作や活動に向かう座位を取り戻す第一歩として、ベッドから起き上がり、すぐに次の動作の介助に向かうのではなく、少しだけでも視線を動かしてもらい、周囲の状況を利用者自身の目で認識し、感じてもらうことが大切です。**周囲に視線を配り、関心が向けられることで、落ち着きを取り戻し、今ある能力を発揮しやすい状態が整います**。

実践演習9　周囲に視線を向ける余裕

【余裕がない場合】

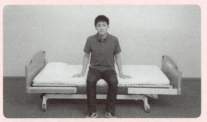

座ることに精一杯のとき、周囲に視線を向ける余裕はありません

【余裕がある場合】

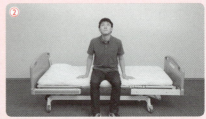

周囲に視線を向ける余裕があると、次の動作への動き出しがみられます

介助者と一緒に視線を動かすことで、周囲の環境に関心が向けられ、動き出しにつながります

iii　座位のバランスと首の硬さ

　視線が固まると簡単に身体全体が固まると先に述べましたが、反対に身体をどんなに動かないように意識しても、視線を動かすと身体も動いてしまいます。特に、視線が動くと首も勝手に動いてしまいます。首が動くと上半身はつられて動きますし、その動きを助けるように下半身は踏ん張ります。つまり、目の動きは全身の動きを導く大切なものなのです。したがって、首が硬いという一つの事実だけをとらえてマッサージをしたり、ストレッチをしたりするなどの対処をしても、ほとんど効果はありません。**座位でしっかりと周囲に視線を配ることが、首の動きを促します。**

首を左右にしっかり回す動きをすれば、体幹はねじれてきます。首を前に深く曲げれば身体は丸まり、後ろに深く倒せば体幹は反ります。もちろん、目の動きが先行しなければ、それだけ体幹の動きは少なくなってしまいます。首の体操をする場合も、目の動きを先行させることを意識するだけで効果が上がります。

　首が動かなくなるような病気や障害はほとんどありませんから、おそらく首が動かなくなったわけではないのです。**座っていることに精一杯の利用者には、視線も首も動かすだけの余裕がないのです**。したがって、自分で座位を保つことのできる利用者には、少しずつ（受け入れられる分だけ）視線と首を動かすようにしてもらえればよいでしょう。さらに、**軽く前後、左右に揺れてもらうことで、自分の身体の状況を感じやすくなり、座位を保つ能力は高まります**。座位を保つことに介助が必要な人に対しては、視線や首を動かす余裕ができる程度の介助が適切な介助の量ということになります。このことは、介助し過ぎることを防ぐための指標にもなります。

実践演習10　座位のバランスと首の硬さ

【バランスのよい座位】

安楽に座っているときは、常に身体は動いています（小さく動く余裕がある）

【目の「動き出し」から広がる動き】

視線を固定すると、首を動かしても（右を向く）、動く範囲は限られます

先に視線を向けるだけで、動く範囲は広がります

視線を固定すると、首を動かしても（下を向く）、動く範囲は限られます

先に視線を向けるだけで、動く範囲は広がります

目の「動き出し」があることで、動きが身体全体に波及しやすくなります

視線を固定すると、首を動かしても（上を向く）、動く範囲は限られます

先に視線を向けるだけで、動く範囲は広がります

【前後左右に揺れる】

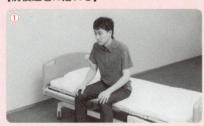

前後左右に小さく揺れることで身体の状況が感じられ、座位を保つ能力が発揮されやすくなります（介助者と一緒に行ってもよい）

iv 手足を動かす余裕

　子どもは1歳を過ぎると、歩行する能力が高まるのと並行して、手足の動きも飛躍的に発達します。食べることや遊ぶことなど、さまざまなことに手足の機能を発揮し始めます。それまでは、姿勢を保つために使われていた手足に、物にかかわる余裕が生まれてきたことを表しています。つまり、手や足は、姿勢を保つことが十分になされてはじめて、物などの操作にかかわることに役割をまわすことができるという見方ができます。

　同様に、利用者が食べこぼしたり、使用する食器具が箸からスプーンに変わってしまったりする背景には、**手の機能の衰えだけではなく、うまく座れていないことも原因になっている可能性があります**。座位を保ちながら手足を動かすことは、利用者にとって容易ではない場合も多いのです。したがって、難易度としては、「座位を何とか保つ→座位を保ちつつ周囲に視線を向ける→座位を保ちつつ首を動かす→座位を保ちつつ手足を動かす」ということになります。もちろん、前段の動作がクリアされなければやってはいけないという意味ではありません。

　生活場面において、ベッドから起き上がり、車いすに移乗する前に、座位を保った状態で少し手足を動かすようなこと（バンザイの動作や腿上げ程度）をしてみるとよいでしょう。特に、腿上げの動きは、それだけで体幹の力や背骨、骨盤の動きを多く使いますから、座る能力はさらに引き出されていきます。体操にもならない程度のことで十分です。

実践演習11　手足を動かす余裕

①座位を保ちつつ、上肢を動かすだけでも座位を保つ身体の機能が発揮されます（利用者役は指先を見るとよりよい）

②余裕があればバンザイをしてみてもよいでしょう

③座位を保ちつつ、下肢を動かすことで座位を保つ身体の機能はさらに発揮されます

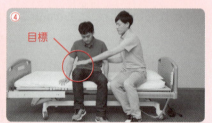

④介助者の手で目標をつくると、利用者役が動き出しやすく、動きも大きくなります

2　座れないはずはない──座る能力を引き出す

i　座ることに、さほどの能力は必要ない

　私たちは、座っていることに必死でいることはありません。座っていることに特別な能力が必要で、どこか鍛えておかなければならないのであれば、仕事にも家事にも、娯楽にも支障が出るでしょう。むしろ、座位は気楽に安楽でいられるからこそ、長い時間にわたって作業をしたり、娯楽を楽しむことができているはずです。

　私たちの動作や活動は、うまくなればなるほど、余計なエネルギーを使わず、必要以上に動作そのものを意識することなくできるようになります。たとえば、覚えたての仕事や始めたばかりのスポーツなどでは、非常に無駄な動きが多くなり、身体も緊張します。一つのことにたくさんの意識を使い、神経がすり減ってしまいます。そして、一日の仕事や部活などを終えると、ぐったりと疲れています。しかし、徐々に熟練してくると、無駄な動きは減り、意識しなくてもさまざまなことをこなせるようになり、最初の頃のような疲れは感じなくなります。利用者にとって座ること

も、少し前までは気楽に安楽に行っていたのですから同じです。どこかを意識して、練習するほどのことではないと思います。むしろ、どうすれば気楽に安楽にいられるか、その手段を探すことのほうが大切だと思います。

　ヒントとなるのが、私たち自身の座り方です。背もたれに身体をあずけたり、ふんぞり返ったり、テーブルに突っ伏したり、頬杖をついたり、肘掛けにもたれたりと、決して褒められた姿勢ではいません。おそらく、そのほうが安楽だということなのでしょう。**座るために身体のどこかを治したり、強くしたりするのではなく、身体を環境になじませて安楽を得るという発想が大切です**。座位を安楽にとることができるから、次の活動へ動き出すことが可能になるのです。座位を安楽に保つために、周囲の環境をどううまく使うかという発想が大切です。

ⅱ　安楽でいられるところを見つける

　③の「起き上がりの動作」でもふれましたが、うまく座れない人にとって厄介なのは、やはり頭です。座ったときにてっぺんにくる、重たい頭を支えようと身体ははたらきますから、頭の位置がブレないように首は緊張し、さらに手足も必要以上に緊張すれば休まる暇はありません。

　座位においても重たい頭をどう支えるかという発想は、介助の手段をたくさん導いてくれます。たとえば、頭を楽に支えられる状態にあるだけでも手足は自由になり、座る能力が引き出される人もいます。テーブルに上肢を乗せて座る場合、テーブルに乗せた上肢の上に頭がくれば重さから解放されます。他にもクッションなどを前に抱え、そこに身体をあずける、肘掛けや高めの台を身体の横に設置し、身体を横に傾ける方法もあります（実践演習12）。

そして、実は不安定なものに身体をあずけることで、むしろ利用者の身体感覚が呼び起こされ、座る能力が引き出されることも多くあります。「不安定で、あてにはならないもの」といえば、介助する私たちです。誰かの身体に自分の身をあずけることは心もとないので、遠慮の気持ちがはたらきます。遠慮した分は、無意識に自分の力をはたらかせることになります。私たち介助者の身体に頼ることをできるだけ遠慮してもらうことで、利用者が自分の力だけで座るということに近づいていきます。まさしく、関係性の介護とはこのようなことをいうのではないかと思っています。

　第1章でもふれましたが、私たちの感覚にはすぐに「慣れ」が生じます。したがって、同じところにばかり頼って座っていては、当初感じられた利用者本人の身体の感覚も鈍り、座るための力を発揮しにくくなります。たとえば、手すりを握って座っている場合も、意識して少し握る場所を変えてみます。持ち変える瞬間は、利用者本人に責任をもって身体を保つことが求められるため、座っている感覚がよみがえりますし、新たに身体を保つための力も発揮されます。同様に、私たち介助者が利用者を支える身体の部位も、同じところばかりではなく、常に変化させます。支える部位を変える瞬間は、やはり座位を保つことは利用者にゆだねられますから、支える部位を変えるたびにいつも座っている感覚をよみがえらせることになりますし、座位を保つための力も自然に使われますのでより効果的です。

実践演習12 **安楽でいられる「支え」を見つける**

【テーブルやクッションが「支え」になる場合】

身をあずけるテーブルの位置や、その方法が異なるだけでも発揮される能力がさまざまに引き出されます

クッションなどに身体の前面をあずけられる状態は安心感があります（後ろに突っ張る利用者に有効）

見た目に頑丈さと安定感のある物は、座ることが不安な利用者にも安心感を得てもらうことができます

【介助者が「支え」になる場合】

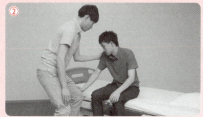

自分で座っていることを感じてもらうためにも、介助者が利用者役の身体を支える場所を常に変えることを意識します

第3章 「動き出しは本人から」の実践　085

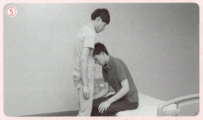
利用者役が介助者の身体に頭をあずけて座ることで、座る能力が引き出されやすくなります

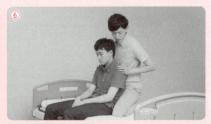
介助者が背面を支え、安心して座ってもらうことで、利用者役の動き出しが見られることもあります

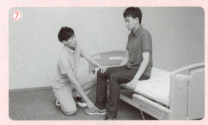
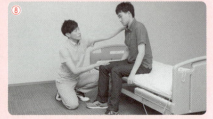
下肢をさりげなく支える介助は、利用者役が自分で座っている感覚を得てもらうことに有効です

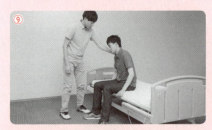
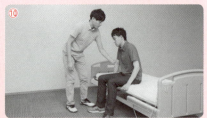

介助者が支える量（触る量）を少しずつ減らした分だけ、利用者役が自分で座る能力を発揮してくれます

3 次の動作につながる座位

i 不快を回避できること

　座ることができるということは、座位を保ちつつ動作や活動を行うことができる状態をいいます。改めて、私たちの座位を観察すると、常に動いていることは前述したとおりです。その動きはお尻の位置を少しずらしたり、脚を組んだり、うなだれたりとさまざまですが、多くは身体の不快を回避する動きであるといえるように思います。つまり、**座位の保持には、自ら不快を回避する動きがとれるかどうかが大切な要素であるようです。**

　実際に、座位での動作や活動を行うことができている利用者ほど、ただ座っているときにも多彩な動きがあります。いわば、不快をうまく回避できているからこそ、動作や活動につながることを示しているように思います。利用者が車いすに移乗した際に、つい私たち介助者の目線で、お尻の位置を直してしまいがちですが、その時点で本当に不快な状況なのかどうか、実は判断がつきません。本来、不快であれば自分で直すでしょうし、自分で直さなければ不快が回避されたかどうかも定かではないのです。

　自ら不快を感じ、回避しようとする人は、動きの量や質は別として褥瘡の発生も少なくなります。したがって、私たちは利用者の座位にかかわるときに、不快を感じているか、それを回避しようとする動きが見られるかに関心を向けてみることで、利用者の次の動作を期待したり、褥瘡の発生を予防したりと視点を広げられることにもなります。

> **実践演習13** 不快を回避する
>
> 【お尻の位置を固定する】
>
>
>
> お尻の位置をまったく動かせない状況は、非常に苦痛であるということがわかります
>
> 【お尻の位置を介助で直す】
>
>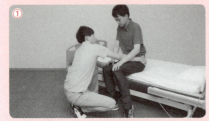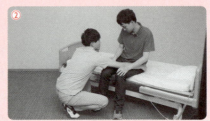
>
> お尻の位置を介助で直してもらっても、なんとなくしっくりときません
>
> 【お尻の位置を自分で直す】
>
>
>
> お尻の位置を自分で直すことが、一番快適です

ii 座位のまま移動すること

　座位は動作や活動ばかりではなく、立ち上がることや立位、歩行につながる姿勢です。立位や歩行につながるための座位とはどのようなものなのでしょうか。立ち上がるための絶対条件はお尻が浮く（持ち上がる）ことですが、その分、全体重を足のみで支えることになりますから、利用者にとっても、介助する私たちにとっても恐ろしい動作です。したがって立つことができない人に対して、いきなり座位からの立ち上がりを求めることは控えたいものです。

　座位のままでお尻をずらして移動する動きは、比較的安全で、かつ、お

尻を浮かせる必要のある動作です。**端座位のまま横に移動するためにお尻を浮かそうとすることこそ、立ち上がりに直結する動作です**。生活場面では、車いすに近づくように移動したり、寝る際に枕の位置と頭が合うように移動したりして、座る位置を調整するなど、座位のまま移動することの必然性を活かして、ぜひ利用者にやってもらいたい動きです。

　座位のまま移動することの最大の魅力は、上肢、体幹、下肢がそれぞれバラバラではなく、協調してはじめてうまくいく動作であることです。つまり、少しでも座位で移動することができれば、上肢、体幹、下肢が協調できていることになるので、座位を保つことが楽になる、そのまま移乗につながり介助も楽になるなど、はっきりとした効果が現れやすいといえます。座り直しの延長のつもりで、端座位の姿勢から前後左右に少しだけ移動することを、ふだんの介助場面でやってみてもよいのではないかと思います。

実践演習14　座位のまま移動する

① 座位のまま横に移動することは、立ち上がりや移乗動作に直結する大切な動きです

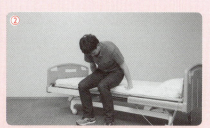

② 少し前に移動しようとする瞬間の動き出しが、立ち上がりの一コマにも見えてきます

③ 座位のまま横に移動できる（やろうとする）人は、移乗など次の動作への動き出しが見られます

iii 躊躇なく動き出すこと

　座れば立ちたくなるし、立てば歩きたくなるのは、子どもから高齢者まで皆同じだと思います。特に、高齢者はほとんどの動作を経験してきています。改めて動作練習などしなくても、**今の状態に安心や安全を感じられれば、よい意味で勝手に動き出してくれることを、これまでにたくさんの利用者から教えられました**。もちろん、障害や機能低下によってすべて一人ではできないことはあったとしても、その動作のイメージや、しようとする気持ちまでもなくなることはありません。

　座位からの「動き出し」に利用者の能力を感じるのは、躊躇なく動き出す姿を見るときです。「危ない！」と感じているのは、私たち介助者の主観です。私たちも、**危険を感じる動きは躊躇しますが、安全だと自信のある動きには躊躇しません**。もちろん、失敗や勘違いがあることは利用者も同じだと思います。したがって、私たち介助者の主観のみを判断材料にした、動くことに対するネガティブな対応は避けなければなりません。

　利用者の躊躇ない「動き出し」の背景に自信と誇りを想像する一方で、私たちから見て非常に簡単で安全に思われることでも、利用者が「恐ろしい」「やりたくない」と伝える場合には、背景にある不安に共感することが、利用者主体のかかわりを支える私たちの姿勢であると思います。

5 立ち上がりの動作と立位

1 生活動作のための立位

i 立つことは、活動することの背景にすぎない

　生活のなかで、立ち上がることそのものが目的であることはまずありません。移動（歩行）するために立ち上がるということが、ほとんどではないかと思われます。移動もまた、その先の動作や活動を目的としていますから、**立ち上がる動作や立っていること自体は、その活動を果たすための背景にすぎません**。しかし、立ち上がり、立位になることは重心が高くなり、体重を足だけで支えなければなりませんから、その分、不安定で危険ですし、多くの筋力やバランスも必要とします。したがって、身体能力が衰えた利用者にとっては、立ち上がって立位をとることに消極的になりやすいでしょうし、介助する私たちにとっても転倒や転落への配慮から必要以上に介助してしまいやすい動作でもあります。

　しかし、歩行やトイレ、台所仕事などの家事、趣味、娯楽など、立ち上がりの先には多くの活動が待っています。目的がない状況で、立ち上がりがうまくできない、立っていることがむずかしいというだけで、利用者が立ち上がる機会を奪ってしまうのはもったいないことです。

ii　トイレや台所ではうまく立てる

　立つことがむずかしいと思われていた利用者が、トイレではしっかりと立っていられたり、立位が不安定で立って活動することは不可能だと思われていた利用者が、台所で見事な包丁さばきを見せてくれるという場面に遭遇することは少なくありません。立ち上がる目的を伝えることは、当たり前にやっていると思いますが、目的を伝えることには大切な意味が存在します。

　排泄すること、調理をすることなどが目的であれば、立ち上がることや立っていることはその背景になります。つまり、うまく立ち上がれないことや立っていられないことは利用者の意識の外に追いやられます。また、トイレや台所という環境が動きを促してくれますし、立ち上がることや立っていることに対して利用者が見事に環境を利用している、つまり折り合いをつけていることがわかります。

　慣れた環境で慣れた動作を行う際には、身体が勝手に反応するという経験は誰にでもあることです。したがって、立てるか立てないかということを動作や活動に向かうための判断材料とせずに、とりあえず、「トイレに行ってみませんか」「台所で調理を手伝っていただけませんか」というように動作や活動を行ってみるとよいのです。立てないはずの利用者が、少しだけ違って見えてくるかもしれません。

iii 立てなくても、立つことに意味がある

「座って見るのと、立って見るのとでは景色が違うんだ」「立つことは気持ちがいいことなんだな」といったような利用者の言葉に、ハッとさせられます。ふだん、立って、歩いて生活している私たちには気づけないことです。たとえ一人で立ち上がることができなくても、立っていることができなくても、立ってもらうことの意味をこのような利用者の言葉から強く感じさせられます。

"景色を見る"という身体が行う主体的な行為、"気持ちがよい"と感じる心の主体的なはたらきなどは、ほかでもなく認知機能や身体機能を支える何より大切な経験であると思います。自分ひとりでは立てなくても、立つことに意味があります。立ち上がるといつもと違う景色が見える、聞こえてくる音が違う、関節や筋肉、内臓まで身体全体に感じるものが違ってきます。旅行や外出とまではいかなくても、特別な機能訓練をしなくても、心身がよみがえる機会はいくらでもあります。

2　立ち上がる準備

i　背面への依存から前面への依存へ

　立位になることは、不安定で危険が伴います。したがって、それなりに準備が必要です。まず、お尻を浮かせやすいように姿勢を整える必要があります。これは、ふだん私たちは何気なく行っていることですが、立ち上がるための大切な「動き出し」です。少し身体を前に傾け、車いすのアームサポートや手すりなどをつかみ、お尻を浮かすための手がかりをつくる、足を引いて踏ん張りやすくするなど。

　「立ち上がれそうですか」と声かけした際にこのような「動き出し」が現れる利用者は、立ち上がることの意思や立ち上がる動作のイメージがしっかりあるのだろうと想像できます。一方で、立ち上がる準備として、このような「動き出し」が見られないと、「介助の必要な人」として見てしまうことになります。

　しかし、特に車いすを利用している人にとって、この準備としての「動き出し」は、実は恐ろしく、むずかしいものなのです。たとえば、身体を車いすの背もたれから前方に起こしてくる動作は、何もない空間に身を投げ出す動きととらえると、利用者の恐怖に共感できます。ベッド上での臥床や車いす座位など、身体の背面が常に支えられている状態に慣れている人にとって、その支えをはずされることは容易に受け入れられないことと想像できます（「寝返りの動作と身体の突っ張り」（p.65）参照）。

　身体を前に投げ出す動きを導く場合には、身体の背面に依存して安心していた状態から、身体の前面に依存する選択肢があることを利用者に感じて動いてもらうとよいでしょう。**安心できていた支えをはずすわけですから、それに代わる安心を保証する必要があります**。たとえば、バスタオルなどを身体の前面に当てながら、背もたれから身体を起こしてくることを介助します。慣れてくれば、アームサポートをつかみ自分から動き出して、お尻を浮かせるための準備姿勢をつくってもらいます。自分で準備を整えると、次の動きにコマがつながれます。

実践演習15　背面への依存から前面への依存へ

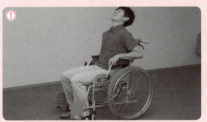

① 車いすのバックサポートに依存した状態から身体を前方に起こしてくる動作には、恐怖感が伴います

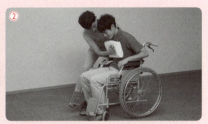

② バスタオルを身体の前面に当てることで恐怖感が軽減し、前方に身体を起こす動き出しが促されます

ii　どこが支えになるのか

　実践演習15で行ったとおり、お腹の力だけで背もたれから身体を起こしてくることは大変です。下肢で床を踏みつけるようにしながら、あるいはアームサポートをつかんで身体を引きつけるように起こしてくれば何てことはないのですが、下肢で踏ん張る機会が少ない利用者にとっては、身体を起こす動きと、下肢の踏ん張りやアームサポートに引きつけるタイミングがずれてうまくできない人が少なくありません。このような動きも、**身体の機能が衰えたというよりは、"やらないからできない"ということが原因になっていることが多いように思います。**

　先ほどの動き出すための安心の保証に加えて、どこが支えになると動き出しやすいのかを利用者に身体の感覚で思い出してもらうことが大切です。私たちは利用者の動作にかかわるうえで、多くの"介助"という手段をもっていますが、他方、利用者本人の動作を引き出すために、あえて介助ではなく"支える"という手段があることも忘れてはいけないと思います。**動きを支えるという手段は、動作の主体が利用者であるということに踏み止まる点で大切なことです。**

　立ち上がる準備としての"支える"というかかわりは、利用者が身体を起こそうとする「動き出し」のタイミングで、下肢で床を踏みつけることを補ってあげるというだけです。たったこれだけのことですが、立ち上がるための準備姿勢を自ら整えるのか、介助者にゆだねてしまうのかは、次の立ち上がる動作に強く影響します。

実践演習16　どこが支えになるのか

① アームサポートをつかんで身体を起こす動きには、下肢を踏ん張るタイミングが重要です

② 下肢を支えることで、楽に身体を起こすことができます

iii　お尻は1ミリでも浮けば十分

　立ち上がるためには、何としてもお尻が座面から離れる必要があります。iiで立ち上がる準備について述べましたが、そこからお尻を持ち上げる動きにつなぎます。座位のまま横に移動するためにお尻を浮かそうとする動きは、立ち上がることに直結する動作であることは、「次の動作につながる座位」（p.87）ですでに述べたとおりです。座位で横に移動するためには、ほんのわずかでもお尻が浮いている必要があるからです。そして、上肢、体幹、下肢が協調するからこそ、お尻を浮かすという利用者にとって本来、不安定で危険な動作を安全に行うことができるようになるのです。

　背もたれから身体を起こして前傾し、そこから1ミリでもお尻を浮かすことができるような人は、介助が必要であったとしても立ち上がることやトイレでの排泄に向かえることが想像できます。なぜなら、**お尻を浮かそうとするその瞬間の動きが、まさに自分の身体を自分で支えることになっているからです。**

　動き出しによってコマがつながり、立ち上がる準備が整うところまできた人には、「さあ、どうぞ立ち上がってください」と、自らお尻を浮かすという次のコマにチャレンジしてもらうことが大切です。実際には、立ち上がれなくてもよいのです。明らかにお尻が浮かなくても、**今にもお尻が浮くという動きが、実際に立ち上がることや立っている姿を想像させます**し、「できそうだ」という気づきを私たち介助者にも、利用者本人にももたらします。したがって、私たちの介助の手段も自然と変化します。

ⅳ　介助は頭がブレないように

　「いまにもお尻が浮く」という動きを、どのように立ち上がりや立位へと導いていけばよいのでしょうか。寝返りから、起き上がり、立ち上がりへと重心が高くなるにつれ、身体の先端にある頭を支えながら動作をすることはよりむずかしくなります。しかし、立ち上がりの動作においても、「頭を支えられる場所」と、「頭の位置ができる限りブレないこと」の2点だけ注意して介助すればよいでしょう。

　立位で地面と接するのは足の裏しかありませんから、自分からお尻を浮かそうとする動きがむずかしい場合は、頭がおよそ足の真上の位置にくるようにと覚えておけばよいのです。また、頭を支えることができるその位置が、お尻を持ち上げやすい位置にもなります。お尻を浮かすためには、頭がおよそ足の真上の位置にくるよう身体が前に傾いた姿勢から、少しだけ頭が飛び出すように介助します。

　お尻は1ミリでも浮けば十分です。頭が足の真上の位置からずれてしまうと、立ち上がるための頭の支えを失うことになってバランスを崩してしまいます。お尻が浮いた後は、頭の位置がブレないように、天井に向かってまっすぐに導くように介助します。足の真上の位置に頭がくることで、下肢が自然と踏ん張りやすくなり、立ち上がった後の立位も安定しやすく、トイレ介助などへも移行しやすくなります。

実践演習17　頭の位置がブレないように

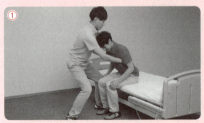

① 利用者役の頭が足の真上にくるくらいまで前傾します。頭が少し前方に飛び出すように介助すると、お尻が浮きやすくなります

② お尻が少しでも浮いた後は頭が前後にブレないように、まっすぐ立位に導きます

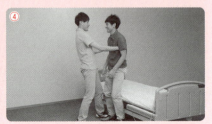

③④ ゆっくり介助することで、利用者役は自分の足で踏ん張れることを感じます。介助者が利用者役に接近しすぎると、動きの邪魔になってしまうので注意します

Ⅴ　着座がむずかしい

　何とか立ち上がれたものの、突っ張ってしまって便座にうまく着座できない、歩行した後にいすへの着座に移行できない、という経験をしている人も多いと思います。立ち上がりより着座のほうが筋肉の使い方がむずかしいという面はあるのですが、誰でも後ろ向きに歩くことは恐ろしいように、**見えない方向に動くことは利用者にとっては特にむずかしいことになります**。座るように誘導しても、なかなか緊張を緩められなかったり、介助の手に力を込めると、その分だけ突っ張り返されてしまったりするのは、どのような介助においても同様です。

　着座がむずかしいからこそ、「動き出しは本人から」の実践が大切です。つまり、まず座る場所を見てもらい、可能であれば座る場所に手を伸ばして触ってもらうだけでも着座に移行しやすくなる場合があります。どのような動作も「見る」ことから始まります。**座面を見ることは、すでに着座が開始されたことと同じといえます**。また、動きのレールを敷く、動きの空間を小さくして介助する（「動きのレールを敷く。動きの空間を小さくする」（p.67）参照）ことは、着座にも応用できます。たとえば、利

用者のお尻にバスタオルなどを当て、そこに腰掛けるように誘導すれば、お尻が下がる方向にレールが敷かれることになります。そのバスタオルを少しずつ下げて、常にバスタオルまでお尻を下げるようにすると、動きの空間が小さく区切られることになり、着座に向かう動きを利用者に受け入れてもらえるようになります。

実践演習18　着座がむずかしい

【見えない方向への動き】

見えない方向へ身体を動かすため、身体の緊張が緩められず、うまく座れません

【座面を見て、触る】

① 座る場所（座面）を見てもらうことで、着座への動き出しが開始されます

② 可能であれば座面に触れてもらうと、自然と着座に向かう動き出しが見られます

【動きのレールを敷く】

① お尻にバスタオルなどを当て、そこに腰掛けるように導くことで安心して動き出すことができます

② お尻に当てたバスタオルを少しずつ下げると、ゆっくりと安全な着座を導くことができます

3 立つことを思い出す

i 拠り所探し

　立ち上がる、立っているという動作は、不安定で危険が伴います。したがって、私たち介助者が主導（スピードや動きのコントロールにおいて）の介助になってしまいやすく、さらには過介助にも陥りやすい動作になります。それは、利用者にしてみれば、自分で自分の身体の状態を感じる機会を奪われることになり、むしろ危険性は高まるという事態を招きかねません。何より安心や安全を感じていたい、安心や安全を確保したいというのは本能ですから、利用者は自分が安定する拠り所を自ら探すことが大切です。

　安心や安全のための拠り所は、本人にしか感じ得ません。したがって、介助するなかで現れる「動き出し」は、動作を成し遂げるためであると同時に、安心や安全を確保するためでもあることを認める必要があります。そして、**"私たちがしっかり介助することが安全"という誤った常識を捨てる必要があります**。立ち上がる、立っていることは全身が協調しますから、利用者が自ら安心や安全のための拠り所を探し、環境と折り合いをつけていく過程のなかで、立つということを身体が思い出していくことになります。

ii 介助の力を緩めてみる

　利用者が安心や安全を感じられていることが、立ち上がること、立っていることに大切な要素です。それは、自分で動くことによって得られるものだということは他の動作と同様です。したがって、私たち介助者がすべきことは、私たち主導の介助を少しだけ緩めてみる、介助し過ぎないことを意識してみることだと思います。

　もちろん、利用者にも介助者や手すりにしがみつく力を緩めてもらうことが必要な場合もあります。たとえば、立ち上がるために100の力が必要であるとして、私たち介助者が100の力を出すのであれば、利用者に立ち上がるための能力がどれだけあったとしても、それを使う隙はありません。しかし、私たち介助者が「1」でも力を緩められれば、利用者がその「1」の分だけ力を出す隙が生まれます。**介助とは、私たちが「1」緩めた分を利用者が「1」拾っていくやりとりではないかと考えます。**「1」拾ってくれたことを確認できたら、さらに「1」緩める。介助か自立かという極端なものではなく、動作の状態は介助から自立へのグラデーションのどこかの位置にあって、それがいつも、利用者と私たち介助者の間で取り引きされながら変動しているようなものだと思います。もし、介助の力を「10」緩めたときに、利用者がそれを拾いきれなかった場合には危険が生じますから、私たちが未然に少し受け戻せばよいのです。**動作の進行状況をお互いが感じ合い、察し合いながら100の力を譲り合う関係、その過程が介護の醍醐味ではないでしょうか。**利用者に100の力をすべて譲る（自立する）ことができるのであれば、こんな素晴らしいことはありません。

> **実践演習19** 介助の力を緩めてみる

【介助の力を少しずつ緩める】

①

わかりやすいように利用者役は片足で立ちます。しっかりと介助者が支えることで、利用者役は楽に片足立ちができます

②

介助者は少しずつ介助の支えを緩めます。利用者役は緩められた分だけ自分の力で立つ必要が出てきます

③

④

さらに少しずつ介助の支えを緩めます。利用者役は緩められた分だけ自分の力で立つ必要が出てきます

⑤

同上

⑥

最終的に介助の支えをなくします。つまり、介助の力を利用者にすべて譲っていく、その過程を大切にします

【介助の力を急に緩める】

①

②

しっかりと支えた介助から急に介助を緩めてしまうと、危険な状況になってしまいます

6 移乗と車いす自走

1 移乗は移動や動作、活動につながる

i いまの姿勢が、移乗後の姿勢になる

　起き上がりの動作を介助したあと、利用者の背中にまわした介助の手を離すことなく靴を履く介助をし、そのまま移乗介助へと移行する。あるいは、車いすのバックサポートにもたれて座っている利用者に対して、その姿勢のまま介助が開始される。これらはいずれにしても、移乗することが利用者主体ではなく私たち介助者主体で進められている光景です。つまり、利用者は移乗することに対して準備が整わない状況で介助されますから、極端にいえば、**"身体という物がベッドから車いすへ、車いすからベッドへと位置を変えただけ"** になってしまいます。

　準備が整わないまま移乗するので、当然、移乗した先でうまく座れません。したがって、介助の手は離すことができない状況になります。利用者にとっては準備が整わない状況がさらに蓄積されますから、次の動作もさらに介助量が増えていくという悪循環になってしまいます。介助者が自分の介助で介助量を増やすという自作自演の行為になるのです。

　移乗は移動動作の一つです。したがって、動作や活動のための手段にすぎません。**移乗が利用者主体で行われなければ、その後に続く、目的とする動作や活動も当然のように主体性を失い、介助されることが当たり前になってしまいます。**したがって、移乗介助をするとき、私たちは移乗後に利用者の動作がつながることを想定しておく必要があります。移乗前の座

位はできる限り利用者自身が保ち、移乗へと向かう「動き出し」が少しでも見られる状況にしておきたいものです。それは、そのまま移乗後の座位を利用者自身で保つことに直結するからです。そして、次の動作への「動き出し」が見られることになります。

ii　移乗の「動き出し」を誘う

　利用者が移乗へと動き出すために、私たちはどのようなことに配慮すればよいのでしょうか。食卓のいすに移乗する、便座に移乗する、自動車のシートに移乗するなど、自由に動き回ることができる人にとっての移乗は、いす、便座、シートという移乗先を見るだけで、自分との位置関係を測り、その動きは意識することなく始まります。しかし、自分で動くことが少なくなっている利用者にとっては、移乗先と自分との位置関係を、見るだけで測ることはむずかしいようです。「動き出し」がないのではなく、移乗先との位置関係において、どう動けばよいかを測ることがむずかしい状況になっているととらえることができます。

　見るだけで測れないのであれば、触れて確認すればよいのです。 ベッドから車いすへの移乗であれば、車いすのシートに触れて、シートの感触を確かめてもらいます。車いすからベッドへの移乗であれば、ベッドマットに触れて、マットの感触を確かめてもらいます。**触れるという行為そのものがすでに「動き出し」です** し、シートやマットと自分との距離感、位置関係はもちろん、色や硬さ、弾力などのさまざまな要素の確認は複数の感覚機能を使いますので、利用者の意識（覚醒）も高まりやすく、移乗するために能力を発揮しやすくなります。また、移乗先に触れることは、対象を知る（距離感、位置関係、色、硬さ、弾力）ことであると同時に、対象を通して、相対的に今の姿勢などの自分の状態を感じることになります。身体の状態について感じられると、動くための準備も整えられる（「ベッド上での動き」（p.61）参照）ので、移乗先に触れるという行為が利用者の「動き出し」を誘う大切な準備になります。

> **実践演習20** 移乗の「動き出し」を誘う
>
>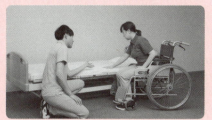
>
> 移乗先のベッドなどに触れてもらうことで、動き出しを誘います

2 利用者主体の移乗介助

i 効率のよい動きは身体に染みついている

　日常生活動作は、毎日繰り返されることで、無駄なく、効率よく行われるよう洗練されます。移乗動作も例外ではありません。身体に障害のない人に対して、ベッドから車いすへ、車いすからベッドへと特別な指示なく移乗してもらうと、ほぼ皆、共通の動きをします。それは、車いすのアームサポートすれすれのところをお尻が通過するくらいの中腰となり、その中腰の姿勢のまま腰を回転して移乗する動きです。理由は簡単です。移乗前の位置から、移乗先の位置への最短ルートになるからです。無駄がなく、効率のよい動きは、身体に染みついたものですから、利用者の移乗にも当然応用すべきだと思います。

　リハビリテーションと称して、移乗の際に起立し、足踏みをして身体を回転して着座する場面を見ることがあります。明確な目的でもあれば別ですが、**私たちが行ってもいないような方法を利用者にさせることは、「生活」という視点からはかけ離れていますので注意する必要があります。**

　あれこれと移乗方法を考える必要はなく、今の位置から移乗先に最短ルートで導くこと、アームサポートやベッドの手すりなどの障害物を過剰に避ける必要はなく、むしろ、お尻がそれら障害物をこするくらいのイメージでよいと思います。しかも、**身体に染みついた動きで導かれるからこそ、利用者が自然と下肢を踏ん張りやすいということになるようです。**実際に、この1点だけ注意して介助すると、介助される側も動きやすくなることがわかります。

> **実践演習21** 無駄のない、効率のよい動き

① 特別に意識せず移乗すると最短ルートでの動きになり、自然な動き出しが見られます

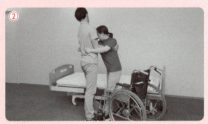

② 起立し向きを変える移乗では、ぎこちなく、動き出しづらい場合もあるので注意が必要です

ii 車いすの位置は私たちが決めるもの？

　利用者の動きを引き出しやすいのは、無駄がなく、効率のよい、つまり最短ルートでの移乗です。したがって、移乗のときに車いすをどこにセッティングするかも必然的に決まります。**特別な事情がなければ、ベッドに対して最短ルートとなるような位置にすればよいということになります。**「ベッドと車いすの角度は○度に」といわれることもあるようですが、現場ではあくまで目測になってしまいますので、それよりも"だいたいベッドに対して移動する距離が最短となるような位置"と曖昧にするほうが、それこそ時間的にも効率的といえます。車輪とハンドリムがある分だけ、ベッドに対して角度がつく位置になります。

　また、床に目印をつけて、ベッドに対する車いすの位置を規定するような工夫をしている場面も見かけますが、そもそも、ベッドの位置がずれてしまっていたり、車いすの型式が変わったりしますし、利用者の座位姿勢や座る位置もその時々で変わりますから、車いすの位置をきっちり決めることにそれほど意味はありません。"ベッドに対しておよそ最短の距離"で十分です。

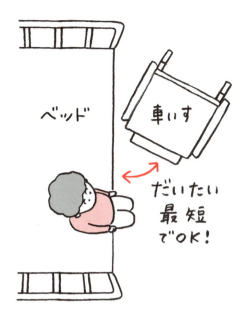

iii 身体のどこを支えるのか

　移乗介助の際は、利用者のどこを支えて介助したらよいのでしょう。もちろん特別なルールはありません。しかし、利用者の「動き出し」を意識したかかわりをしていると、介助者が支える利用者の身体の場所は、おおむね腋下や体幹側面に集約されていくようです。もちろん、利用者の安全確保が第一ですから、"であるべき"のことではありません。

　しかし、利用者のズボンのウエスト部分を引き上げたり、介助者の首に利用者の手をまわしてしがみつかせたりする方法は、どちらも利用者の体重を介助者が引き受けることになりますし、利用者の足を床から引き剥がすような状況になってしまい、**利用者自身が踏ん張る拠り所をうばってしまうことになりかねません**。最初に利用者の身体のどこを支えて介助するかという方法論ありきではなく、利用者の「動き出し」を意識することで、利用者自身の下肢の踏ん張りを尊重することになり、介助する場所も必然的に変化するのだと思います。

実践演習22　身体のどこを支えるのか

【引き上げるような介助の場合】

①

②

介助者の首にしがみつかせると、不快感を与えるだけでなく、動きだしの邪魔になる場合があります。また、利用者役が自分の足で踏ん張る機会を奪ってしまいます

【「動き出し」を尊重した場合】

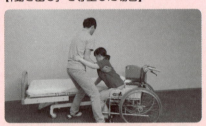

利用者役の動き出しを尊重すると、介助で支える身体の場所も自然と変わります

3 車いすの自走

i 車いすは移動のためにある

　車いすは移動のための用具ですから、利用者の主体的な生活のためにはできる限り自走してもらうことも大切です。**自走したことがないという利用者に多く出会います**ので、これも"できない"ではなく"やらない"だけなのかもしれませんし、特に理由はなく"させない"というかかわりの結果なのかもしれません。

　日常生活は、さまざまな動作や活動が移動によって切れ間がなくつながっています。したがって、**普通に生活しているだけでも十分な活動量は確保されます**から、結果的に特別な運動習慣のない人でも心身機能がそれなりに維持されることになります。車いすの自走による移動も動作や活動をつなぐだけでなく、多くの心身機能がはたらきますので、**自走"させる"方向にかかわりのスイッチを切り換えてみると、移動を通して利用者の思わぬ能力に気づかされることもあります。**

ii 移動（車いす自走）は脳を刺激する

　移動している利用者に対しては、「どちらに行かれますか」「どうしましたか」など、私たちの関心も自然と向けられていることがあると思います。その結果、「トイレに」とか「横になりたい」などと返答され、「では、行きましょうか」「休みましょうか」と、利用者の動き出しに応じた対応、つまり利用者主体の生活場面になります。

　移動することにより、少なからず障害物に注意したり、他者に出会うことでコミュニケーションが生まれたり、景色や匂い、音など思わぬ刺激を感じる可能性が広がります。利用者の生活の多くの映像からも、**少しでも自分で移動するようになると目が開き、表情が豊かになる様子に気づかされます**。認知機能もこのように、移動に伴うさまざまな刺激の取捨選択によって、自然にはたらき、維持されるものではないでしょうか。地域で生活し、買い物や散歩のために移動したりする高齢者と接しますと、特別な体操も脳力トレーニングも、優先順位はそれほど高くないように思えてきます。あらためて、自分で移動することの大切さを感じます。「動き出し」は小さな移動のスタートです。

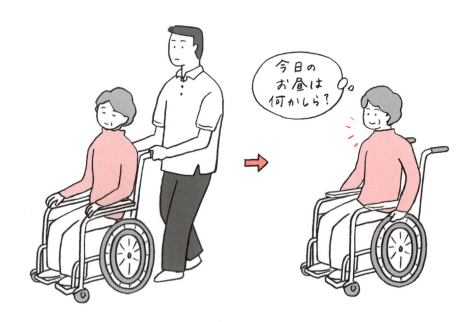

体位変換とポジショニング

1 経験していないことを押しつけていないだろうか？

i ポジショニングをしてみる

　職員同士でふだん行っているポジショニングをしてみると、多くの気づきがあります。それほど安楽を感じませんし、身体の向きやポジショニング用クッションなどを挿入する位置をいろいろと調整しますが、多くの場合、身体の一部に不快を感じる場所が残ってしまいます。**知識としての良肢位と実際に感じる快・不快とは、一致しないことがわかります**。少なくとも、私たちが"つくる"ポジショニングは、利用者にとって安楽とは言い切れないものであるということを認める必要がありそうです。

　ポジショニングに正解があるとすれば、それは利用者の主観に答えがあるということを、ポジショニングをされるという実体験を通して気づかされます。

実践演習23 **ポジショニングを体験する**

ふだん行っているポジショニングを利用者役として体験してみると、数分ももたず、苦痛を感じることがわかります

ii 利用者の主観的体験を大切に

　筋萎縮性側索硬化症（ALS）という全身の筋肉が麻痺する病気の人には、褥瘡がない（できにくい）という特徴があります。理由は複数指摘されていますが、その一つに、ALSの人は高度な運動障害が起こる一方で、知覚障害がないということがあります。つまり、身体のポジションについて快・不快を感じることができるため、体位変換について、その調整を詳細に介助者に伝えることができ、褥瘡発生を未然に防ぐことができるといわれています。このあたりについては、ALSの母親の介護体験について書かれた、川口有美子氏の『逝かない身体――ALS的日常を生きる』（医学書院、2009年）が非常に参考になります。

　高齢者や認知症の人に目を転じてみるとどうでしょうか。本来は、ALSの人と同様に知覚の障害はありません。したがって、自分の身体のポジションや快・不快を感じていることは明らかです。ALSの人との違いがあるとすれば、主観的体験（快・不快）について語るか語らないか、語る余地があるのかないのか、ではないかと思います。あるいは、**私たち介助者が利用者の主体的体験を知ろうとするかしないかの違いかもしれません**。

　ポジショニングをされてみると、具体的に身体のどこが痛いのか、苦しいのかを主観的体験としてありありと感じられます。また、主観的体験に沿ってポジションを調整してもらうことで、安楽に近づくことにも気づくことができます。

実践演習24　利用者の「主観的体験」を大切にする

 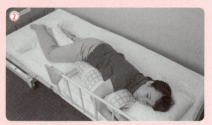

職員同士で寝心地を確認しながらポジショニングをしてみると、安楽を得るためのさまざまな手段に気づくことができます

2　2時間のポジショニングを経験してみる

　利用者の主観的体験に配慮しないポジショニングは、身体にどのような影響を与えるでしょうか。大学生や専門学校生に対して、一方的につくられたいくつかのポジショニングを2時間ほど維持してもらい、身体に生じるさまざまな体験について自由に記述してもらいました。そのなかに、ポジショニングによる身体の見当識やポジショニング後の動き出しについて、興味深い感想がいくつもありました。それらの意味を考えると、利用者に対するポジショニングのあり方やポジショニングの状態から、何らかの介助を行う際に注意すべきことが見えてきます。

i　身体の見当識

- 長時間同じ体勢でいると、手や足はどのような型をとっていて、どこに置いているのかわからなくなる体験をした。
- 前半はできていた身体のイメージができなくなってくる。
- 30分もしないうちにベッドに接触している面の身体が痛くなり、すぐに動きたいと思った。
- 身体が重く感じられた。

　このような言葉から、動かないでいることはストレスであり、動くために必要な身体の状態についての感覚を奪うことになっていることに、改めて気づかされます。臥床しているのに緊張せざるを得ず、緊張が持続することでますます身体の見当識が薄れてしまい、そして自分の身体に入ってくる刺激に過敏になったり、あるいは反対に鈍くなることで「誤反応」をしてしまうことも十分にあり得ることです。

　したがって、**体位変換やポジショニングが必要な利用者には、ベッドに対して、身体の向きや手足の位置を意識的にでも利用者自身が確認できるような配慮をすることが大切です。**具体的には、利用者が寝ている状態で、ベッドの手すりやベッドの縁の位置、枕から壁までの距離などを、実際にベッドの手すりやベッドマットの縁、頭上の壁などを触ってもらって意識化します。実際に行ってみると、ベッドの縁からの距離感がつかめるだけでも大胆に動き出せることがわかります。

実践演習25　身体の見当識

【身体の見当識がない場合】

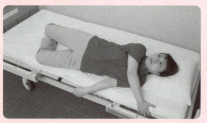

ベッド上での位置がわからなければ、寝返る（右へ）ことには躊躇します

【身体の見当識がある場合】

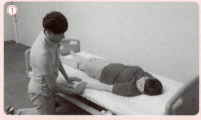
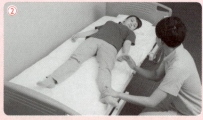

ベッドの端を手や足で確認してもらうことで、身体の見当識が得られます

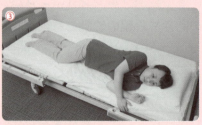

身体の見当識が得られることで、安心して動き出すことができます

ii ポジショニング後の動き出し

> ・ベッドから降りて歩こうとすると、平衡感覚が低下していて揺れるような感覚に陥った。
> ・動き出す際に少しベッドのほうに引き戻されるような感覚があり、しばらくベッドに背中がついているような感覚があった。
> ・下にしていた左足の感覚が鈍く、左足に体重をうまくのせることができず、立位や歩行が不安定になった。
> ・一度立ち上がったが歩き出すことができず、再び座り、時間を空けなければ歩き出すことができなかった。

これらは、利用者の体験に近づくための重要な言葉です。つまり、利用者の動き出しに時間を要することや動くことへの不安や恐怖、いうまでもなく他者から動かされることの受け入れがたさを容易に想像させてくれます。

このような事態に共感すれば、介助の手を出す前に少し待ってみる、不安や恐怖があることを理解してそれを取り除き、「動き出し」に向かいやすい環境づくりや「動き出し」のきっかけとなる介助を心がけるなど、利用者に対する私たちのかかわりの変化が、自然に導かれます。

実践演習26 ポジショニング後の「動き出し」

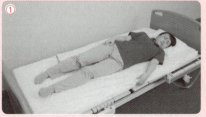

① 同じ姿勢でしばらく過ごします（可能な限り）

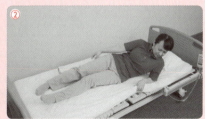

② 長く同じ姿勢でいると、身体に障害がなくても動き出しづらいことがわかります

iii ポジショニング再考

- 身体に違和感がある、痛みがあると感じたときにすぐに身体をずらしたり、寝返りをしたりするといった、単純そうに見える動作がいかに重要であるかがわかった。
- 必要がない場所に枕やクッションを入れるようなことは、決してしてはならないと感じた。
- 本人の過ごしやすい体位になるようにコミュニケーションをとり、ポジショニングをする側の自己満足にならないようにすることが大切であると感じた。

　どれも実体験をしたからこその言葉であると思います。疾患や障害の有無、年齢や生活歴は違っても、ポジショニングによって身体を通して感じることに、大きな違いはないはずです。

　利用者のポジショニングについて、その手段を写真や絵に示して目につく所に貼り、職員間で共有することもあるのではないかと思います。しかし、ともすれば**ポジションという"形をつくる"ことが優先され、利用者が感じている快・不快についての配慮が十分でなくなってしまうことも考えられます**。形にこだわらず、体験して得た重要な情報を通してポジショニングを考えること、「どこか寝心地が悪いところはありますか」と一言、尋ねてみることによって、一人ひとりの利用者にとって、またその時々で、安楽なポジショニングがあることを理解できるようになるのではないかと思います。

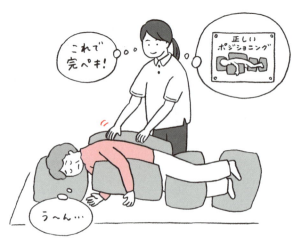

3 「動けること」を保証する

i 動けないことの不快

　人をあっという間に苦痛に陥らせることができる言葉があります。それは、「今から、まったく身体を動かしてはいけません」という一言です。この一言を守ろうとすれば、すぐに苦痛が訪れます。**私たちはポジションの良し悪しよりも、動けない状況に不安や不快を感じるようです。**

　仮に理想的なポジショニングをとれたとしても、1時間、いや、数十分、数分ともたずに、そのポジションは崩れてしまいます。逆に考えれば、利用者にそれだけ動く力があるのだろうと、そして安楽を探し出そうとする「動き出し」があるのだろうと思わされる場面です。その瞬間としては**どんなに安楽なポジションも、そこからまったく動くことが許されないのであれば、それは苦痛にしかならないでしょう。**多少、体勢は崩れてもある程度は自分で自分の身体のコントロールが許される、ある意味、"緩いポジショニング"のほうが利用者にとって安心で安楽であるという発想も必要です。

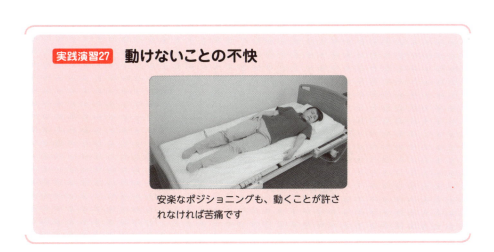

実践演習27　動けないことの不快

安楽なポジショニングも、動くことが許されなければ苦痛です

ii 動くことの手がかり

　学生や現場職員とともにポジショニングをされる体験を通して、どのようなポジショニングが安楽なのかいろいろと探っています。単純にベッドと身体の隙間が埋められることは、安楽を得るうえでは意味のある手段の一つであることは確かです。しかし、前述したようにそれが長続きすると

は限りません。その一方で、誰もが共通して認める手段があります。それは、足の裏がポジショニング用クッションなどに接していることです。横向きの場合は、上にあるほうの足の裏が接している状態がよいようです。

　私たちは動くことで身体の状態を感じられますし、身体の状態を感じられるから動き出せます。足の裏は身体を動かすための手がかりとして有用な場所です。座位のまま横に移動したり、立ち上がったり、歩いたりするなど、足の裏は床と接し、そこを手がかりとすることで動くことができます。ポジショニング用クッションを足の裏に接するように配置し、少し踏めるような状態にしてみると安楽で気持ちがよいという体験を得られます。**体勢が大きく崩れない程度に、わずかでも動ける（足を踏める）余地があるということが、利用者に安心と安楽をもたらしてくれるようです。**

　写真や絵でポジショニングが示されている状況は、どうしても私たち主体の"業務"を感じさせます。足で踏めるようにするという単純なルールなど、少し緩いポジショニングを共有することから始めてみるのもよいかもしれません。

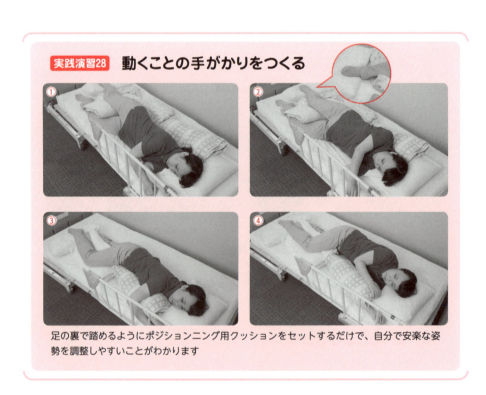

実践演習28　動くことの手がかりをつくる

足の裏で踏めるようにポジショニング用クッションをセットするだけで、自分で安楽な姿勢を調整しやすいことがわかります

第 4 章

こんなに変わる！利用者の生活と介護職のかかわり

「動き出しは本人から」の実践による効果を、特に、利用者と介護職に現れる変化に焦点を当ててまとめます。また、さまざまな領域で、さまざまな職種が取り組んだ「動き出しは本人から」の実践事例を紹介します。

1 利用者の変化・介護職の変化

1 利用者の表情が変わる

　「立って見える景色は、座っていて見える景色とは違うんだ」「自分で（動作を）すると気持ちがいいんだ」といったようなことは、改めて考えれば、当たり前のことなのでしょうが、この当たり前の気持ちこそが生活していることに他ならないのだと思います。

　「動き出しは本人から」を実践していくなかでの利用者の変化について、表情が変わったと言われることが多いように思います。抽象的ですが、目が開いているという印象です。おそらく、瞳孔の開き方の違いが表情の変化としてとらえられているのではないでしょうか。瞳孔の散瞳、縮瞳は交感神経のはたらきです。興味・関心があるとき、やる気があるときに開きますから、いつもより目が開いているというように見えることは、動作を自分のものとして関心を示し、やる気をもって行っている証拠なのだろうと考えられます。

　当然のことですが、利用者に限らず、**よい表情は人を引きつけます。したがって、利用者の表情がよいと、私たちが利用者に関心を向ける機会も多くなるでしょう。**関心をもたれることはうれしいことですので、利用者の心の活気にもよい影響が期待できるように思います。（利用者が自分から起き上がったので）「よいお顔をしていますね」と、お世辞ではなく「動き出し」によって自然と表れた表情の違いを事実として伝えることが、よい意味で利用者の自尊心をくすぐり、動くことへの動機の維持にも影響するのではないかと考えます。

2 利用者の言葉が増える

　「動き出しは本人から」を実践していくなかで、利用者の言葉が増えることに気づかされます。高齢者や認知症の人があまり話をしなくなるのはどういうことなのでしょうか。私たちが話さないのはどういうときなのかを考えてみるとよいのかもしれません。体調が悪いときなどは別としても、たとえば緊張しているとき、状況がつかめず話題に入っていけないとき、相手が一方的に話しているときなどではないでしょうか。利用者も特別な存在ではありませんから、話をしないのは、私たちと同じような理由も多分にあるのだろうと想像できます。

　身体の運動も言葉を話すことも、脳の「運動を司る部分」が大切な役割を担っています。利用者にとって安心で安全なこと、自分で動くからこそ状況がつかめること、一方的に介助されるのではなく、動き出しを尊重した双方向のかかわりとなること、つまり、**利用者にとって動き出しやすい状況は、話しやすい状況ともいえます。**

　話をしない人に対して、発話を強いたり、まして話す訓練をしたりするなどは慎みたいことですし、「話さない人」と決めつけてかかわってしまうのはとても残念です。**動き出しやすい環境のなかで、普通に会話することが何よりも大切です。**

　認知症の人と普通にコミュニケーションをとっている人から教えられることは、大切なのは目上の人とかかわる礼儀をわきまえた適度な丁寧さ、謙虚さであり、やはり、当たり前を当たり前に実践しているにすぎないということです。

3 介護職の言葉が変わる

1 「起きますよ」から「起き上がれそうですか」に変化する

　言葉遣いは、相手に対する気持ちの表れだと思います。お互いの年齢や立場、その場の状況で使い分けているつもりでも、自分がその場をリードし優位にいたい、利害関係から相手の気を引きたいなど、何より相手に対する素直な感情によって言葉は自然に変わるのではないでしょうか。

　心から尊敬している人に「タメ口」で話すことはないですし、"親しき仲にも礼儀あり"で、気のおけない友人関係においてもそうです。冠婚葬祭など状況によっては丁寧な口調でコミュニケーションを交わすこともあります。したがって、**言葉遣いは、相手をどう見ているかによって決まってしまうものだと思います。**

　「起きますよ」「立ちますよ」「お食事に行きますよ」などは、介護場面でもちろん何の悪気もなく使っている言葉ですが、「動き出しは本人から」を実践するなかでその言葉は「起き上がれそうですか」あるいは「起きていただいてよいですか」、「立ち上がれそうですか」あるいは「立っていただけますか」、「お食事に行きませんか」あるいは「お食事はいかがですか」などと、自然に変化していきました。つまり、「起きますよ」は介助者である"私が"「起こしますよ」という介助者主体の介護が、言葉に表れているのです。私たちの利用者に対する姿勢が背景にあって、その姿勢に応じた言葉が発せられています。一方、**「起き上がれそうですか」には、"あなた"から「起き上がれそうですか（動き出せますか）」という利用者主体の私たちの姿勢が、言葉に表れたものだと思います。**

2 「起き上がれそうですか」で脳がはたらく

「起き上がれそうですか」という言葉を投げかけられた利用者には、"さて起き上がれるかな""やってみようかな、どうしようかな"と思考や判断が生じます。つまり、脳がはたらき出します。したがって、「動き出し」につながっていくのだと思います。また、**「起きていただいてよいですか」には、起きるも起きないも、利用者に選択肢がある言葉です**。利用者が行為を選択できることが利用者主体でしょうし、選択肢があることは利用者に安心をもたらすものですから、動きを促します。「動き出しは本人から」という当たり前の実践は、私たち介助者から利用者主体のコミュニケーションを引き出してくれました。

3 コミュニケーション技法をみがいても変わらない

言葉遣いは、相手をどう見ているかによって決まってしまうものです。したがって、どんなに尊敬語や丁寧語を特訓しても、また、コミュニケーション技法を学んでもなかなか変わるものではありません。利用者の「動き出し」から、その人の可能性に気づかされ、さらにその先を見たい、期待したい、こうなって欲しいという私たちの素直な感情が、「できそうですか」「やっていただいてよいですか」という言葉に自然に変えてくれます。つまり、**私たちが利用者を変えるのではなく、利用者によって私たちが変えてもらっているのです**。

介護は、利用者と私たち介助者の人間関係そのものです。人間関係をコミュニケーション技法のみで乗り切ることはできません。信頼し、信頼さ

れ、期待し、期待されるその関係に導かれるコミュニケーションが必要だと思います。

4 介護職のかかわりが変わる

　利用者主体にかかわろうとするとき、言葉の変化は自然とついてきました。「できそうですか」「やっていただいてよいですか」という言葉は、"さあどうぞ" という私たちの立ち居振る舞いを伴います。「できそうですか」と尋ねたのですから、いったん、その判断は利用者にあずけることになります。したがって私たちは、さりげなく待ち、その間、自分の仕事をすることになります。そこには**利用者が "動き出す" ための時間と空間の隙間ができています**。当然ですが、私たち介助者主体であるときにかける「起きますよ」という言葉には、利用者が動き出す時間と空間の隙間がないわけです。

　高齢者の心身機能を改善したり、できないことをできるようにしたりすることは、おそらく非常にむずかしいことです。しかし、**本当はできることをできるようにして差し上げる、今できそうなことを今実現して差し上げることは、特別むずかしいことではありません**。「動き出しは本人から」で実践できることです。

　介護現場で「動き出しは本人から」に取り組むなかで、"お年寄が一人で起き上がれるようになった" "歩けるようになった" "トイレで排泄ができた" など多くの報告を受けました。しかし、お年寄が変わったわけではありません。歩けない人が突然歩けるようになるのであれば、それは単なるマジックですし、そんなことは起こり得ません。本来、その人がもっている身体で覚えていること、やろうとする気持ち、できるという自信を発揮する場を提供できたということです。つまり、私たちが変わったということです。

　「動き出しは本人から」という単純ですが、すべての利用者にあてはまり、やろうと思えば**誰でも実践できる基本のルールは、他者という未知の存在である利用者に対して、私たちが安心してかかわることができる状況を保証します**。

5 声かけの本当の意味に気づく

1 声かけするのは当たり前？

　親しい者同士のスキンシップは別としても、通常、他者の身体に許可なく触れることは許されません。極端にいえば「犯罪」になりますから、相手から非難されてもおかしくはありません。では、私たち介助者は利用者の身体に許可を得てから触れているでしょうか。そのようなことを言いますと、「声かけしてから介助するのは当然でしょう」と叱られそうですが、実際はどうでしょうか。

　映像で振り返りますと、もちろん皆、利用者に声かけしてから介助をしています。しかし、見ていて気づくことがあります。それは、声かけと同時に利用者の身体に触れていることが意外に多いということです。声をかけると、声をかけられた相手はこれから起こることを予測し、気持ちも身体も準備しますし、利用者によっては動き出しが始まります。つまり、「起きますよ」と声がかかり、「そうか起こしてもらえるのか」と思うことは、身体に触れられることを予測し、いつでも起こしてくださいという心の準備につながります。だからこそ、他者である私たちに身をゆだねることができるのだと思います。しかし、**声かけと同時に、あるいは声かけよりも前に身体に触れるという逆転が起こっていることも映像から知ることができるのです。**

2 「問題行動」は、誰の行動のこと？

　自分の身体に入ってくる刺激を予測できない、あるいは受け入れる準備が整わない状況では、その刺激に過敏に反応してしまうことは誰にでもあります。たとえば、想定していた以上に蛇口のお湯が熱かったり、反対に冷たかったりしただけでも私たちは跳び上がるほどの反応をすることさえあります。

　臥床を余儀なくされ、ベッド上に身を硬くして寝ている利用者を多く見かけます。このような利用者は、介助量が多く、受け身の生活で、ただされるがままでいるわけではなく、準備ができていない相手に触れるという、私たち介助者の「問題行動」に対する防衛反応として、身構えて緊張している状態といえるのかもしれません。介護への抵抗、暴言、暴行など、利用者の「問題行動」とみなされるものがありますが、自分の身体への不意な刺激に対して抵抗すること、それが**何のためにされているのか理解できなければ、暴言を吐いてでも、暴力を振るってでも身を守ろうとするのはむしろ当然のことではないでしょうか。**

3 声かけの後の一呼吸

　「動き出しは本人から」の研修に参加した人から、自施設の介助場面の映像を振り返ったところ、声かけと同時に利用者の身体に触れていることに気づいたという報告がありました。そして、「動き出しは本人から」を、その利用者に対して実践するなかで、"声かけの後の一呼吸"によって利用者の「動き出し」に気づくことができたという事例発表をしてくれました。声をかけた際のその声は、利用者に届いています。だからこそ利用者は動き出しますし、不安なく介助を受け入れ、私たちが過剰に介助することを防いでくれます。

　私たちが利用者に声かけするからには、そこに期待や願いがあるはずです。しかし、**私たちがすぐに触れてしまうことで、その期待や願いは利用者に届かないものになります**。そればかりか、準備なく触れられた利用者は、失望やあきらめといった感情を抱くことになり、私たちの願いとは真逆な状況になってしまうかもしれません。

　「動き出し」を待つことに対して、「そんな時間はない」「いつまで待つのか」など、多くの疑問を投げかけられます。しかし、私たちが利用者に声かけする本当の意味に気づくとき、声かけの後の一呼吸という時間の隙間は、"当たり前"になります。"待つ"はあくまで私たち目線の言葉でしかありません（p.20参照）。

6 利用者が人生のハンドルを握る

　介護の仕事は、人の生活に直接的にかかわります。ある意味では、私たちはその人の生活に影響を与える存在といえます。しかし、言うまでもなく、人生を歩んでいるのは利用者本人です。自らがドライバーとなり歩んできた、人生の延長線上に介護を必要とする今の状況があるだけです。ハンドルから手を離し、車から降りてしまったわけではありません。利用者は、いつも運転席でハンドルを握り、アクセルに足をかけ、動き出そうとしています。私たち介助者は助手席でドライバーが運転しやすいよう、「動き出し」を待ってそれをつないでいく……。そんな影響を与えられる存在でありたいものです。

　ハンドルを握るドライバーは、快適さも、危険性も自ら感じることができます。安全に動くためには自分に責任が生じます。そのために脳がはたらき出します。だから、顔つきが変わって言葉も変わります。「自分で動くと気持ちがいいんだ」という利用者の"生"の声が、そのことを証明してくれています。自分で動いているからこそ、危険にさらされたときに対処が可能となります。しかし、自らハンドルを握っていなければ、危険を回避するすべがあってもそれを使うことすらできないのです。つまり、危険に対して身体のほうが準備されていませんから、かえって危険なのです。その結果、たった一回の転倒などが大きなけがにもつながりかねません。多少失敗しながらも、本人が人生のハンドルを握るドライバーであり続けることを支援していきたいものです。

7 利用者との関係性から「介護技術」が生まれる！

1 介護はなぜむずかしいのか？

　介護は他者の生活に直接的にかかわります。生活には歩行、食事、排泄、入浴などたくさんの動作があり、その動作にはたくさんの手足の動きなどが含まれます。また、意欲や習慣などの要因や、いつ、誰と、どこでという要因、その日の天気や体調という要因など、生活に影響を与える要因は無数にあります。さらに、そこに個人の疾病や心身機能が絡み合うという複雑さがあります。

　一方で、私たち介助者には根拠のある介護が求められます。私たちもそのために努力しますし、介護技術を高めたいという思いがあります。生活に影響する多くの要因を考慮しつつ、個人の状況に配慮したかかわりが求められているのです。このことは、介護がとてもむずかしく高度な仕事であることを物語っています。

　しかし、科学や医学と同じように根拠を追究しすぎますと、"介助者が利用者に対して技術を行使する"という一方向的な考えや手段、技術がつくられてしまう可能性が高くなります。そこには、できない動きや時間がかかるというマイナス（ロス）をとらえる視点がつきまといます。そして、**マイナス（ロス）という凹みを埋めることが、介護技術だとされてしまう危険性があるように思います。**

2 ケアの技術とは

　介護は、利用者と介助者の一対一で行われることがほとんどですから、介護技術を誰かと比べて優劣をつけることはむずかしいですし、もちろん優劣をつけるべきものではありません。しかし、技術を得て自信と誇りをもって仕事をしたいと思うのも事実だと思います。利用者の生活が安心・安全で、日々充実するようなかかわりが技術の一側面といえるのかもしれませんが、抽象的すぎます。一方、手早く、効率のよいかかわりといった時間的に優位なこと、客観的に計れる指標で優劣をつけるのも適切ではないように思います。

　介護の評価は、時間が経って振り返ってみて気づくことが多いように感じます。まさに、"お変わりなく"がこれまでの生活や介護を肯定する言葉なのではないかと思うのです。心身の衰えがあって当然、できなくなることが増えて当然だからこそ、**"お変わりない"ことが評価されてよいと思います。**

　"お変わりない"ことを支えるのが、日々のちょっとした動作のなかでの「動き出しは本人から」を実践することです。起床の際に手すりに手を伸ばす、起き上がるときに少し頭を持ち上げる、自分の肘で身体を支えるなど、一日一回でも、それが毎日、毎週、毎月、毎年と掛け合わされることは、心身の活動量だけでも膨大なものとなります。

3 個別ケアとかかわりの原則

　疾病や障害、年齢、性別、生活歴、思想や信念など、利用者の個別性は高いがために、個別ケアは必要であり、また同時にむずかしいものです。認知症、脳卒中、骨折、パーキンソン病など疾病の特性を知るだけでも情報量は膨大ですし、個々の障害を踏まえ、かつ事故がなく安全に介護することが個別ケアの大事な要素であるとすれば、それはとても大変な仕事です。

　一方で、このむずかしい個別ケアを利用者の能力に応じて安全に行うことができるのであれば、本当の意味で介護は高度でやりがいのある仕事になるはずです。**高度な技には必ず"型"があります。"基礎"と言い換えてもよいと思います**。武道や芸術も、しっかりとした型の上に成り立っています。むずかしい技術も型の獲得の上に自然と身につくものだとすれば、介護においても型のような基本があって当然です。「動き出しは本人から」は誰にでもできる当たり前のことですが、実際に行ってみると利用者の力に気づかされ、利用者も自分の能力に気づき、そしてお互いが成長するという体験をしてきました。型というほどではありませんが、**利用者とのかかわりに共通した原則のようなものだと思っています**。利用者の「動き出しに応じる」というかかわりによって、私たち介助者が利用者を動かすのではなく、利用者の「動き出し」に応じればよいと思えば、私たちも安心して介護を行うことができます。安心が能力を発揮する大切な要素であることは、利用者も私たちも同じです。

4 利用者との関係性から「介護技術」が生まれる

　脳性麻痺の当事者であり、医師の熊谷晋一郎氏と対談をさせてもらった折に、熊谷氏がリハビリテーションを例に、次のように述べていました（細かな表現は違っていたかもしれません）。「リハビリプログラムは、過去の自分に対して立てられたものであり、（リハビリをするうえで）いつも過去の自分に合わせられる」。とても印象的で、利用者とかかわる際の大切な気づきをいただきました。

　私たちは利用者とかかわる際に、その時点における情報を得て、その情報を解釈し、かかわるための手段を考えています。しかし、当然ながら生身の人間は、「今、このとき」を生きているわけですから、「今、このとき」の気持ちや動きを大切にしなければならないのだと思います。同じ起き上がり動作でも、昨日と今日の「動き出し」は違います。したがって、介護の手段も「動き出し」に応じて必然的に変わります。また、それぞれの職員との関係性に応じて、利用者の「動き出し」も変わります。したがって、誰かの介護を理想とし、その映像をトレースするかのごとく、まったく同じ介護を全員で行うという統一的な介護は意味がありません。

　大切なのは、すべての職員が利用者の「動き出し」を尊重するというかかわりの原則を守ることです。動き出しに応じた介護によって、その先、利用者にどのような動きが見られるかは未知だからです。**利用者の「動き出し」を尊重することで、「動き出し」に応じた介護の手段がその瞬間に**

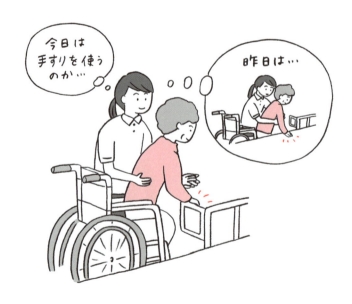

つくり出されているのだと思います。関係の深まりがなければ、よい介護ができないわけではありません。その時点での関係において大切な**当たり前のことを、当たり前に実践することで介護技術が育まれます**。

> **コラム　実践しない研修なら、やらないほうがマシ**
>
> 　「利用者の能力を引き出したい」「安心・安全に暮らしてもらいたい」。このような思いで、私たちは、仕事をしながら多くの研修に出かけてスキルを磨きます。私自身がそうでしたが、研修を受講して講師の話に納得し、また演習で具体的なヒントを得て、「さあ、明日からまた頑張るぞ」と明るい気持ちになります。
>
> 　しかし、日常業務という流れに乗りながら、新たな知識や技術を取り入れることは、そう容易なことではありません。走行中の車を止めずに、最新の機能を装備させるようなものかもしれません。どんなに研修を受けても、気がつけば変わらない日常があり、いつもの自分がそこにいます。では、どうすれば日常という硬い殻を破ることができるのでしょうか。
>
> 　研修で一つくらいは記憶に残る出来事があると思います。エピソードの記憶は感情とセットで保持されます。つまり、記憶に残ることは自分の感情が動かされた内容となります。その一つを実践し、自分のスキルとのつながりに気づくと、そのスキルは自信となり、自信をもって行うことは経験がどうであれ、利用者にとって効果のあるかかわりになることがわかりました。
>
> 　「動き出しは本人から」という、私たちのかかわり方一つで利用者の動きが変わり、動作も変わります。そして何より表情が変わり、言葉が変わります。「生」の映像は、私たちの心を揺さぶります。したがって、他のことは忘れても構わないので、この一つだけを実践してみてほしいと、研修で訴え続けてきました。「動き出し」に気づくとき、いつもとは違う利用者に私たちは出会います。
>
> 　「実践しない研修なら、（研修そのものを）やらないほうがマシ」。たった一つの実践の先に、無数の小さな気づきがあります。小さな気づきが、私たちの介護を変えてくれます。

2 事例で学ぶ「動き出しは本人から」の実践

事例1 今日できなかったことを、明日できることに変えていく

急性期病棟での実践　工藤裕美（作業療法士）

他者からの接触に強い抵抗を示すAさん

　Aさん（80代・女性）は、もともとは高齢者住宅で暮らしていました。軽度の認知症があるものの、ADL（日常生活動作）はすべて自立していました。入院の数か月前から脱水症状が続いて体調を崩し、ADLは車いすレベルにまで低下していました。そうしたなか、脳梗塞を発症し、当院へ救急搬送されました。

　入院後すぐにリハビリテーションが指示され、私が担当することになりました。明らかな四肢の運動麻痺などはなかったものの、意識障害が続き、常時固く目をつむり、会話をすることはむずかしい状態でした。入院直後より、他者からの接触に強い拒否を示し、少しでも身体に触れると顔をしかめ、うなり声を上げる、手を払いのける、つねるなどの反応がみられました。

　私が最初にかかわった際にも、血圧を測ろうとした私の腕を払いのけ、大声を上げました。「自ら動くことのできないAさんを離床させることはおろか、触れることもできない……」。私はどのようにかかわったらいいのか迷いましたが、「高齢で認知症でもあり、もともと暴力的だったのかな」「意識障害があるから仕方ないのかな」と安易に考え、その行動の原因はAさんにあると考えていました。

気づきとかかわりの変化

　しかし、自分自身の最初のかかわりを振り返ってみると、Aさんにかかわる際の私の頭の中は、「意識障害があって、もともと認知症の人」ということばかりで、Aさんに対して、私が誰でこれから何をするのか、しっかり声かけを行っていないことに気づきました。「もし自分がAさんだったら……」と想像してみると、寝ているときによく知らない人が来て、声かけもなく身体に触れてきたら、当たり前のように抵抗します。そうであ

るならば、Aさんのその反応は問題でも何でもなく、ごく普通のことではないかと思えたのです。そして、抵抗する反応ばかりに目を向け、Aさんの動き出しを邪魔してしまっているのは、私のかかわりなのではないかということに気づきました。

そこで、声かけに反応がないように見えても「これから横を向きますね」「この車いすに座ります」など、Aさんに触れる前に必ず声かけを行いながら、かかわることにしました。

それでも最初の1週間は、Aさんの「動き出し」といえる動作を見つけることはできませんでした。「反応がないのに、動き出しも何もないのでは？」と思ったこともありましたが、私の声かけやかかわりはAさんに伝わっていないわけではないと信じて、一つひとつの動作をゆっくり行い、待つことに時間をかけました。私の触り方が少しでも雑なときには顔をしかめることもあり、そのつど、何がいけなかったのか、自分自身のかかわりを振り返り、改善を図っていきました。

動き出しの瞬間

1週間が過ぎた頃、私の声かけに対してAさんは目をうっすらと開き、うなずきました。それがAさんとのかかわりのなかでの最初の「動き出し」の瞬間でした。同じように、ベッド上で向きを変え、起き上がる、車いすに乗るなど、一つひとつの動作をゆっくりと行うなかで、Aさんの動き出しを待ちました。すると、寝返りの際に身体をねじり、自ら姿勢を変えて動き出す瞬間がまたありました。「できない」と思ってかかわっていたら気づくことができないくらいのわずかな動き出しでしたが、それが毎日少しずつ増えていくのを感じ取ることができました。

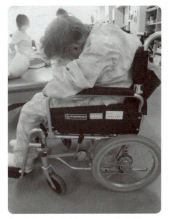

「できない」と思ってその人を見ていると、大事な動き出しの瞬間を見逃してしまう

その後の経過

　2週間後、Aさんはしっかりと目を開け、周りの様子をみて微笑むようになっていました。立ち上がるときに、自ら車いすに手を伸ばすような動きもみられました。Aさんへのかかわりでは、一つひとつの動作を声かけしながらゆっくりと行うなかで、Aさんの動き出しを待つことを徹底しました。

　3週間後にはAさんは一人で座り、自分でコップを持ち、お茶を飲みました。私の顔を見て「おはよう」と言い、「調子はどうですか」という私の声かけに「まあまあだよ」と微笑みました。車いすへの移乗も自分でできるようになりました。

　そして4週間後には、自分でご飯を食べ、歩行器を使って歩けるようになっていきました。

わずかな動き出しの積み重ねが、食事や歩行などの大きな変化につながっていく

振り返り・まとめ

　初期にAさんにかかわっていたスタッフが、話をしているAさんの姿を見て「奇跡みたい」と言いました。しかし、運動麻痺などの動きを阻害する障害のないAさんにとっては、これは奇跡でも何でもなく、ごく普通のことであったのだと思います。

　高齢者や何かしらの障害を抱えた人は、私たちのようなスピードで反応することや動き出すことがむずかしいと思われます。それなのに、私たちは自分のペースで声かけや動作を行い、それに対する反応がないと、「伝わっていない」「伝わらない」と安易に考え、待つのをやめてしまうことはないでしょうか。かかわりに対する抵抗があれば、それは「問題行動」「認知症だから」と、すべて患者さんの問題としてとらえてしまいがちです。

私自身、Aさんとはじめてかかわったときはそうでした。見たくないものや聞きたくないものには目をつむり、口を閉ざし、見たいものや話したい人がいれば、目を開き、言葉をかけるのは普通のことです。それが普通であると感じることを、「意識障害」や「認知症」などの専門的な知識が邪魔をしてしまっているように思います。

　また、救急車で運ばれて病衣を着せられたときから、患者さんは「患者」という立場の、私たちとはまったく別の人に仕立てられてしまっているようにも感じます。その結果、「自分がこの人だったら」という視点で考えるのをやめてしまうのかもしれません。目をつむって反応がないから何もできない、抵抗すれば「問題行動」を起こすととらえるのではなく、「自分がこの人だったら」と考え、動き出しを待つことがかかわりの第一歩になると思います。

　私がかかわらせていただいている患者さんのなかには、Aさんのように表情や身体で意思を表出できない人もいます。その思いや考えは、身体が自由に動く私たちにはわかり得ないものです。だからこそ、「動き出しは本人から」のかかわりが大事なのだと思います。その人が何を思い、どのタイミングでどのように動きたいのか、それは本人でないとわからないからこそ、私たちはその動き出しを信じて待ちます。Aさんのように、最初の動き出しはわずかなものかもしれません。しかし、そのわずかな動き出しの積み重ねが、今日できなかったことを明日できることに変えていくものだと思います。

事例2 「できるはず」と信じることが本人の力を引き出す

介護療養型医療施設での実践　佐伯めぐみ（作業療法士）

「寝たきりの人」という認識でのかかわり

　当院は介護療養型医療施設であり、急性期、回復期を経ても在宅または介護施設へ行くことが困難な、介護度・医療度の高い人が入院しています。当院に来るまで、数か月もの間、寝たきりだったという人も少なくありません。

　Bさん（90代・女性）は家族と暮らしていましたが、約2年前に、食欲不振が続き、脱水症状および低栄養状態と診断され、胃ろうを造設した後、当院へ入院しました。しばらく寝たきりであったとのことで、起き上がることはもちろん、介助での寝返りにも恐怖を感じている様子でした。

　そのような状態であったため、当初はBさんの意思を確認することもなく、ベッドからリクライニング式車いすへの平行移乗を行っていました。当然、Bさんは「動くこと（動かされること）」を拒み、身体を起こそうとすると、険しい顔で強く後方に突っ張る動作がみられました。そこで、まずはベッド上で自分の意思で寝返ったり、起き上がったりするところから始めました。

　しかし、Bさんは動くことに対して消極的であり、アルツハイマー型認知症による記憶の障害や見当識障害もあり、自分がなぜここにいるのか、ここはどこなのかといった不安からか、常に険しい表情を見せていました。

「安心」してもらうためのかかわり

　そこで、まずはBさんが安心できるよう、毎回、自己紹介をして、ここは病院で、Bさんはいま入院しているということを伝えてから、かかわるようにしました。さらに、目の前にいる私は誰なのか、これから何をするのかをしっかり伝えるようにすると、Bさんの表情は緩むようになりました。必ずBさんの表情の変化を確認してから、寝返りや起き上がりの動作を促していきました。

　認知症であっても感情の記憶は保たれるといいますが、Bさんの動き出しを待つかかわり、無理に動かさないかかわりを徹底した結果、私のこと

を「何となく安心できる人だ……」と感じてもらえるようになったと思います。

生活全体が向上し始める

それから2週間後、起き上がりはほぼ自立し、端座位での姿勢の安定、立位での下肢の踏ん張りが見られたため、標準型車いすに変更し、Bさんが自分の力を発揮できる起き上がりや移乗の方法を病棟スタッフ間で共有しました。このときには、動くことに対する抵抗もあまり見られなくなっていました。同時に、食事に対しても意欲的になり、少しずつ経口での食事を始めました。その後、3食とも経口で全量摂取できるほどになりました。

入院から3か月後には、歩行の練習を始めました。はじめは2人による介助での歩行でしたが、歩いた後はとても満足そうな表情を見せていました。身体機能の向上とともに作業活動にも興味を示し、塗り絵やパズル、折り紙などを楽しむようになりました。

さらに、入院から5か月後には、介助にて杖歩行が可能になりました。また、発語も増え、スタッフとの会話が弾むようになりました。

働き者だったBさん。作業活動も仕事のように思っているのか、てきぱきと集中して行う

入院から5か月後。Bさんの動き出しに合わせ、Bさんのペースで歩いている

状態の悪化のなかでの「動き出し」

　しばらくよい状態が続いていたのですが、入院から1年2か月経った頃から、Bさんの状態は少しずつ低下していきました。長期記憶があいまいになったり、端座位での姿勢の崩れを直すことがむずかしくなったり、楽しんでいた塗り絵やパズルについても、少しずつ介助量が増えていきました。

　険しい表情でリハビリテーション室に来ることが増えましたが、Bさんの名前を呼び、自己紹介をして、これから何をするのかを伝えると、少し安心した表情になりました。ちぎり絵などの比較的簡単な作業は、集中して行っていました。目の前の作業を行うことがBさんの入院生活のなかで数少ない、「やるべきことが明確にわかる活動」だからかもしれません。

　「自分で動けることを喜ばない人はいない」という大堀先生の言葉どおり、歩いた後は本当に満足そうな表情になります。自分で動く、課題を遂行すると、自己肯定感が生み出されるのだと感じました。

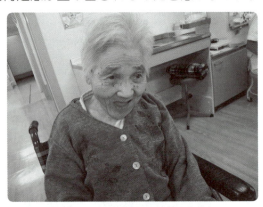

自分で歩いた後、とても満足そうな表情のBさん

　Bさんは、作業をしながらよく昔の話をしてくれました。Bさんは長女だったため、小学校を卒業してすぐに、幼いきょうだいを養うために子守奉公に出たそうです。「小学校を卒業してすぐに家を出て、家族のために働く」なんて、私にはとても信じられない話でした。そして結婚後は、家族のために必死で働き、気がつけば高齢となり、身体が思うように動かなくなり、脳の機能も少しずつ低下してきて困惑している……。このような経過は、介護を必要とする多くの高齢者に共通することではないかと思います。

　医療や介護に携わる私たちは、高齢者が「患者」や「利用者」と呼ばれるようになってから出会うことがほとんどです。したがって、「できない

だろう」「わからないだろう」という前提で接してしまうことが多いように思います。私自身もそうでした。しかし、「動き出しは本人から」のかかわりを実践することで「できないだろう」「わからないだろう」から、「できるはず」「わかるはず」と思えることが増えました。「できるはず」「わかるはず」と信じて接すると、患者さんの能力が自然に引き出されるように感じます。

「動き出しは本人から」は、人権を守ること

　私たちは、どちらかというと意思を表明する人に気を配ってしまいがちです。「痛い」「嫌だ」など、感情を表せる人には、「ああしよう、こうしよう」とさまざまな工夫をしてかかわります。一方で、言葉を発しない人にはあまり課題を感じないかもしれません。しかし、意思を表明することがむずかしい人にこそ、丁寧なかかわりが必要です。「意思は動きに表れる」と教わりましたが、「動き出しは本人から」を実践することが、目の前にいる高齢者の人権を守ることにつながると思っています。

　当院では、ほとんどの人がここで最期のときを迎えます。病状の回復のためにかかわることはもちろんですが、老いや病状の進行を認め、寄り添いながら少しでも本人の能力を引き出すかかわりも、とても重要です。さまざまな苦労や経験を経て、現在「患者」とよばれる立場にあるBさんをはじめ、たくさんの先輩が私を育ててくれています。まだまだ患者さんの動き出しを待てないこともありますし、無意識に「できないだろう」「わからないだろう」という思いを抱いて接してしまっていることもあります。それでも、人生の大先輩である人たちが天寿を全うするそのときが来るまで、自分の能力を最大限に発揮できるようなかかわりをしっかりとしていきたいと思います。

事例3 「される人」から「する人」へ
介護老人保健施設での実践　椛嶋洋介（理学療法士）・長野光星（介護福祉士）

　認知症で、右大腿骨転子部骨折の手術を受けたCさん（97歳・女性・要介護4）は、10人きょうだいの長女で、幼少期は学校に通いながらきょうだいの弁当をつくっていたそうです。結婚後は農業に従事し、引退後は、孫の世話や野菜づくりなどをしていました。他人に気を遣う、穏やかで控えめな性格の人です。私たち職員と目が合ったときは笑顔で応えてくれます。

　Cさんは当施設に20XX年から入所していましたが、尿路感染症がたびたびみられており、入所から2年後には、39度の発熱にて抗生剤を点滴し、病院に救急搬送され、入院することとなりました。その後、状態が落ち着き、当施設に再入所しました。しかし、以前よりADLは低下しており、介助量が増えている状態でした。

退院後のCさん

　入院前は、離床して体操やさまざまな活動にも参加していましたが、退院後は、体力の低下や認知機能の低下がみられ、ベッドで臥床している時間が増えていました。姿勢の崩れも目立ち、移乗動作等の介助量も増えています。食事も自力摂取はできず、介助を行う必要がありました。声かけに対しても「はい」と返事をするくらいで、自分の気持ちを伝えることはほとんどありませんでした。

　一方、認知機能の低下があり、スムーズな意思疎通がむずかしい状況から、介護職員のかかわりは、安全面優先の「介助者主体」の介助になってしまっていました。「動き出しは本人から」の研修後、ふだんのかかわりを振り返ることで、Cさんの動き出しの前に介助を行っていたことに気づきました。つまり、寝返り、起き上がり、移乗等は、自力ではできないと思い込んでいたために、「待つ」ことをせずに介助を行っていたことに気づきました。

「動き出しは本人から」の取り組み

「Cさん主体」の介助を実践するために、実際の介護場面を動画で撮影しました。Cさんの目や頭、身体の動きを詳細に確認し、動き出しにCさんの意思が表れていることに気づき、Cさんに対する「"される人"から"する人"へ」の取り組みを始めました。

介護場面の映像を見て気づいた点は、次のとおりでした。

- 声かけは丁寧。
- Cさんの視線の動きを見ることもなく、待つこともなく、介助者主導で介助している。
- 介助者主体で起こしているため、座位が安定していない。
- 介護職員がCさんの動きを見る前に、左手を介助バーに誘導している。
- 自分で靴を履くことができるが、車いすに移乗後の動作をCさんが理解できていないため、Cさんが動き出す前に介護職員が介助している。
- Cさんは右手を伸ばして車いすのアームサポートを握り、車いすへ移ろうとしているが、介護職員はそれに気づかず、左手で介助バーを持つことを指示している。Cさんは右手を使って移乗しようと意識していたが、実際に使うことができなかったため、右手を戻している。
- その後、介護職員がアームサポートに右手を誘導したが、Cさんとのタイミングが合わず介護職員の力で介助をしている。

"される人"になっているCさん

映像を見て気づいた点から、次のような取り組みを検討しました。

- 視線の動きがないまま、寝返り介助を行っている。
  → 一連の動作をイメージしてもらうために、これから何をするのかを伝え、Cさんの動き出しを待つ。
- 起き上がりの際、自分で起きようとする左手の動作が見られる。
  → 自ら起きてもらうために、必要なところだけをサポートする。
- 介助者主体で起こしているために、座位が安定しない。
  → 座位の安定のために、Cさんの動きに合わせた介助を行う。
- 車いすの認識があったが、待つことなく移乗介助を行っていた。
  → 車いすに移ろうと右手を出していたため、動作を邪魔せずに右手の力や立つ力を信用し、移乗介助を行う。

取り組み後のさまざまな変化

上記の取り組みを始めてみると、振り返りの映像以外のさまざまな場面で、Cさんに対する気づきを得ることができました。その結果、私たちのかかわりに次のような変化がありました。

- 起きる目的を伝えるようになった。
- 寝返りの介助も行っていたが、動き出しを待つことで、自分でできることがわかった。
- 起き上がりの際も、自ら頭を持ち上げて起きようとする意思があるため、動作に合わせた介助を行った。
- 寝返りから起き上がり、足を下ろすまでの動作は、目や顔、手、足の動きを見て、Cさん主体で動いてもらうことにより、その後の座位も安定し、靴も自分で履けるようになった。
- 右手を使うことで自分の力を最大限に活用し、少しの介助で車いすに移乗できるようになった。
- 以前は、車いすへの移乗後に「引き上げ介助」を行っていたが、実践後は自ら移乗したことで座位が安定し、引き上げ介助は不要になった。
- フットサポートにも自分で足を乗せられることがわかった。

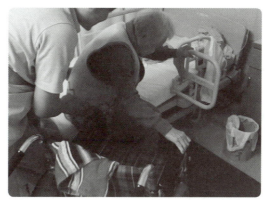

"する人"になったCさん。移乗動作は、腰を少し支えるだけでよい

　「動き出しは本人から」の取り組みを実践することで、介護職員にもさまざまなよい変化がありました。また、Cさんの生活全般にわたり、よい影響がみられるようになりました。

〈職員の変化〉
・ベッドから車いすへの移乗について、介助量の軽減とともに、介助にかかる時間も短縮された。
・「利用者がどのような動きをするのか」を注意深く観察するなど、アセスメント能力が向上した。
・利用者の能力を信用して介助することができるようになった。できないと思い込んでかかわっていたが、「利用者の能力を信じる」というポジティブな視点でかかわることができるようになった。

〈Cさんの変化〉
・他の介護職員から「食事の姿勢もよくなり、自分で食べることができるようになった」という報告もあった。
・活動に対する意欲を取り戻し、以前のように参加するようになった。表情もよく、自発的な会話も多くなった。

「待つ」ことは「気づく」ことにつながる

　「動き出しは本人から」の取り組みを徹底することで、Cさんの本来の能力を職員全体で共有し、Cさんを信じてかかわることができるようになりました。結果として、これまでのような過介助がなくなりました。
　また、本人主体の動作となり、「自分でできる」「自分でできた」という

自信につながり、笑顔が増え、コミュニケーションも豊かになりました。認知症により認知機能の低下がみられても、身体の動きは覚えており、「動き出しは本人から」を実践した結果、Cさんは自分の動き方を思い出したのだと考えます。日常生活上のさまざまな動作に対して意欲がみられ、自ら動くことによって、活動への参加や座位保持の安定につながりました。

　「本人の意思を尊重する」ということは、言葉によって表現された意思だけでなく、「動き出し」にも表れていることを学ぶことで、「待つ」「気づく」というかかわりもできるようになったと考えています。

　「動き出しは本人から」の取り組みを通して、「利用者は介助される人、介助者は介助をする人」という現状から、「利用者が自ら行い、介助者はサポートする」関係への転換を行うことで、利用者の主体的な生活につなげることを続けています。「業務優先」「介助者主体の介護」になっていないか、これまでのかかわりを常に振り返り、日々の介護に活かすことを心がけています。

事例4 動き出しを信じて、待つ

地域密着型特別養護老人ホームでの実践　荒木望美（介護職員）

「動き出し」の始まり

　Dさん（81歳・女性）について、私たちは、「自分から動かない人」「介護依存がある人」「歩けない人」と勝手に思い込んでいました。Dさんは、身体の痛みを訴え、苦痛の表情を浮かべながら、職員に起こされている状況でした。

　これまでは、「Dさん、起きましょうか」と声をかけ、すぐに介助で起こしていましたが、「動き出しは本人から」の1回目の研修を受けた後、「Dさん、自分で起きられますか」と声かけの仕方を変えて尋ねると、「起きらんばんな」と自分で起き上がろうとしました。これが、Dさんの「動き出し」の始まりでした。その日から、日に日に自分で起き上がることができるようになり、自分で起き上がった後は、「こっちに移らんな」とベッド横に設置した車いすに自分で移乗するようになりました。

「はい、歩けます」という言葉の意味

　日常的に介助を必要としていたDさんでしたが、2回目の研修で大堀先生と一緒に歩くDさんの姿を目の当たりにしました。Dさんが、「介助される人」から「何でもできそうな人」に見えた瞬間でした。そして何より、「歩けますか」との質問に対して、「はい、歩けます」と当然のように答えている姿に驚きました。

　この言葉を聞いたことで、私自身がDさんを信じていなかったこと、Dさんは「自分からは何もしない人」「介助しなければいけない人」だと勝手に思い込んでいたこと、そして、動けなくしていたのは私たちだったことに、はじめて気づきました。

　Dさんのことを「知っているつもりで、知らなかった」ことに気づいた私たちは、もう一度「Dさんがどんな人なのかを知ろう」「Dさんの"歩けます"という言葉を信じよう」と思い直しました。しかし、「自分で動き出すのは危ないのではないか」「まずは歩く練習をしなければ」との意見もあり、Dさんの「歩けます」という、あの自信に満ちた気持ちさえも薄れ始めてしまいました。

3回目の研修では、歩ける人に対して「歩く練習」などは必要ないことを学び、Dさんを「歩けない人」にしているのは私たちなのだと、再度気づかされました。

「意思の表出」と「動き出し」が増える一方で……
　その後Dさんは、隣のユニットまで行こうと自分から歩き出したり、車いすを自走して自分の部屋に戻り、着替えようとしたりして、行動範囲が広くなりました。
　しかし、転倒事故もありました。Dさんいわく、「トイレに行こうとしたけど、立てなくて、そのまましゃがんだ」という事故が起きたときには、「やはり、危ないから見ていなければいけない」と、Dさんが動くことに対して不安や戸惑いが生じました。それでも、職員の間で「動き出しが増えたことはよいことだ」「行動を止めるのはよくない」「立てなくてしゃがんだというのは、立てないときはどうすれば安全なのかがわかっているということなのでは」という意見が出ました。「動き出しは本人から」に取り組むことで、私たち職員の考えが少し変わったように思いました。それと同時に、Dさんの行動に、まだまだ職員が追いついていないのだとも感じました。
　このような状況のなか、Dさんの気持ちの変化があり、「誰も構ってくれん」「私は何もできん」と話すことが多くなりました。

「気持ちの動き出し」に応える
　Dさんの気持ちの変化を受けて、「Dさんが、今やりたいことは何か」「やりたいことを実現するにはどうしたらいいのか」と、「動けるDさん」に対してこれから私たちはどうすればよいのかわからなくなってしまい、つまずいてしまいました。そこで、もう一度Dさんの最近の様子を振り返ってみると、「帰りたい」と話すことが増え、疲れている様子で笑顔が少なくなっているように感じられました。
　ユニットの職員から「一緒に帰ってみてはどうか」という提案があり、自営業の仕事の合間によく面会に来るお嫁さんが、「お母さんは私のことを忘れてきているかもしれない。もっと会いに来ます」と話していたこともあって、「帰りたい」というDさんの気持ちと「忘れられたくない」というお嫁さんの気持ちを受け止めたうえで、Dさんの実家と自宅（息子夫

婦の店）へ一緒に帰ることにしました。

　Dさんに家に帰ることを提案すると、表情が明るくなり「帰るなら、着替えも化粧もして行かなん」と、ふだん見られなかった生き生きとした姿が見られました。

「信じて、待つこと」から始まる
　Dさんは職員と一緒に自宅に帰り、家族と過ごして、とても喜んでいました。その後、実家に車で向かおうとしましたが、「行くまでの道は覚えとるような気がするけど、家が思い出せん。忘れてしもた」と実家を見つけることができず、帰り道は少し落ち込んだ様子でした。

　それでも施設に帰った後は、「あんたと帰ったもんな。うれしかった」「楽しかったな、ありがと」と実家のある地域へ行ったことを覚えていて、行ったことに満足している様子でした。その言葉を聞くたびに、「なぜ、今まで一緒に帰らなかったのだろう。もっと早くDさんの気持ちに応えて、私たちが行動していたら、もっと関係を深められたかもしれない」と、とても申し訳なく、反省しました。一方で、数日後にお嫁さんから、「私たちも、母と一緒に母の実家へ行ってみます」と言われ、Dさんと家族、職員との関係が少し深まってきたのではないかと感じました。

　「動き出しは本人から」の取り組みを通して、一番学んだことは「信じて、待つこと」です。「業務が忙しいから」「時間がないから」という理由で、過剰に介助を行っていた私たちは、利用者の「自分でしようとする動き」を奪ってしまっていました。しかし、私たちがしっかり「待つ」ということだけで、Dさんは動きを取り戻しました。「動き出しは本人から」を徹底していなければ、Dさんはいまだに「動けない人」にさせられたままだったと思います。

　現在のDさんは、夕食後には自分で部屋に戻り、電気をつけて部屋のカーテンを閉めて着替えています。まさに、自分の意思で生活している姿を見せてもらっています。今後も、Dさんから学んだ「信じて、待つこと」を続けていき、他の利用者に対してもその関係を深めていきたいと考えています。

> 事例5　Eさんの動きが見えた瞬間——私たちの声は届いていた
> 特別養護老人ホームでの実践　松田智美（看護師）

関心を"持ち・待ち"、かかわる意識へ変化

「動き出しは本人から」の取り組みを始めたきっかけは、2015年9月に熊本県水俣市で開催された連続講座への参加でした。講座終了後に、大堀先生に「重度の方で、いつも目を閉じていて、常に身体に力を入れている、声をかけても目を開けられないといった方でも、何かできますか」と質問しました。大堀先生は「はっきりと目に見えて動きがわからなくても、目の奥の動きがある」「身体の動きがなくなった人は目を動かすことから」という驚きの助言をいただきました。利用者のEさんを想像し、「一つひとつの動作に声をかけて待つことで、本当に変化が見られるのか……」と、疑問を抱きながらも実践してみることにしました。

Eさんの動き出し

Eさん（93歳・女性）は、認知症が進行しており、ADLは全介助状態です。ベッドに臥床していることが多く、両肘、両肩、両下肢に拘縮があり、目はほとんど閉じている状態でした。

「動き出しは本人から」を実践する前の私たちは、目を閉じているEさんに対して、ほとんど声をかけることなく介助していました。したがって、Eさんは全身にギュッと力を入れるため、移乗や入浴、排泄の介助などがとても行いにくい状況でした。私たちも介助することに必死で、声をかけて待つこともなく、私たちのペースで介助してしまっていました。

そこで、介助する前に声をかけ、Eさんの動きを見ながら横に座り、呼吸や身体の安定を確認するまで、そばで見守りゆっくりとした介助を行うようにしました。

声をかけて待つことで、顔の力や両手・両足の力が抜けていくのを感じました。また、まぶたを動かし、ゆっくりと目を開けようとする動きが見られ、時には笑顔が見られるようになったと感じました。

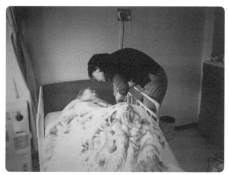 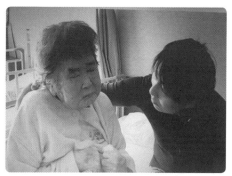

声をかけ、ゆっくり接するとEさんの全身の力が抜けて、介助にも力がいらなくなった

呼吸や身体が安定するまでそばで見守り、ゆっくりと介助する。信じて待つことで腕と足の緊張が抜け、車いすへの移乗介助も楽になった

　また、車いすに移乗してから話しかけると、Eさんは目を開けて微笑みました。これまでは、目も開けられず、全身の緊張もほぐれないままだと思い込んで介助していた私たちは、このとき「ワー」と声が出てしまいました。Eさんのこんな表情が見られると思っていませんでした。

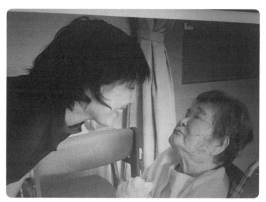

車いすへの移乗の後、目を開けて微笑むEさん。職員も自然と笑顔に

　またあるとき、面会に来ていた息子さんと話をしていると、Eさんが目を開けました。その様子を見て「声が聞こえるんだろうね」「目を開けたね」と息子さんが喜びました。

　「動き出しは本人から」を意識してかかわるなかで、利用者の表情などをよく見ることができるようになり、私たち職員は、利用者に関心を"持ち・待ち"、かかわろうとするようになりました。

家族の気持ちの「動き出し」

　Eさんは、20XX年3月頃から徐々に嚥下機能の低下が進み、食事摂取量の低下や発熱などもあり、苦しそうな呼吸や表情が多く見られるようになってきました。酸素吸入が必要な状態となり、部屋で過ごす時間が増えてきました。

　家族が面会に来たとき、いつものようにEさんの状態を報告すると、息子さんは「自分たちでは、どうすればいいのかわからない。知っている顔、知っている声のするここ（施設）で最期までお願いしたい。本人もそう思っていると思うので」と言いました。私たちはいつもの病状説明で終わると考えていましたが、家族からの話を受けて、施設で看取りに対応することになりました。「動き出しは本人から」を学んでいたからこそ、家族の気持ちの「動き出し」が見えたように思います。

表情や動きの変化を家族とともに喜び、関係を築く

　4月、最期を迎えつつあるEさんは、部屋で過ごす時間が多くなりましたが、私たちはこれまで以上にEさんとかかわる時間を確保できるように努めました。家族の面会が増え、家族と一緒に過ごす時間も多くなりました。

　食事もほとんど食べられない状態でしたが、昔から甘いものが好きだったという話を聞いて、ユニットでぜんざいをつくったり、行事食のときは香りを楽しんでもらえるようにしました。Eさんにも、職員の動きを追うような目の動きや、目を開けて外をキョロキョロと見渡す様子がありました。Eさんに声をかけると口を動かし、何か話をしているような動きが見られました。

　5月、面会に来ていた息子さん夫婦から、「週末は天気がよさそうだし、母も今なら調子がよさそうだから、家に連れて帰りたい」との申し出がありました。「この前家に帰ったのはいつだったかな」などと息子さんが話しかけると、Eさんは少し笑ったような表情を浮かべました。それを見たお嫁さんは「お母さんが笑いよるよ。話してることが聞こえてるとね」と驚いていました。

　その週末、Eさんは「外出」として自宅に帰ることになりました。「いまから家に帰りますよ」と伝えると、車いすに座ったEさんは目を開けました。自宅に到着すると、隣の家の牛小屋から牛の臭いが漂い、牛の鳴き

声が聞こえてきました。息子さん夫婦はEさんのために畳を新しく敷き替えており、部屋にはい草の香りが広がっていました。

Eさんは、畳の上に敷いた布団に横になり、安心した表情で休んでいました。Eさんは、言葉を口にすることはできませんが、息子さん夫婦の昔話やときどき聞こえる牛の声に懐かしさを感じたのではないでしょうか。家族は「もう帰れないと思っていた。帰れてよかった」と喜んでいました。

「動き出しは必ずある」と信じてかかわる

このようにEさんとしっかり向き合う前は、Eさんは「寝たきりで何もできない人」という決めつけがあったと思います。しかし、この間、「動き出しは本人から」に取り組み、Eさんを信じて声をかけて待ちました。その結果、Eさんの表情や動きに変化を感じ、家族にその変化を伝え、一緒に喜び合い、関係を築くことができました。自宅への外出についても、声をかけて待つことで、家族も動き出したように思います。

「2年間寝たきりでも、認知症になっても身体で覚えたことは忘れない。だから動き出しは必ずある。あとは『信じるか信じないか』であり、『できなくなる』ではなく『やらなくなる』から機能が衰える」という大堀先生の言葉を、今でも鮮明に覚えています。私たち職員は「動き出しは本人から」に取り組む前は、簡単に「無理ですよ」と言っていましたが、Eさんとのかかわりを通して、先の言葉の意味を身をもって理解しました。これからも"信じ"て"待つ"ことを大切に、高齢者とのかかわりを続けていきたいと考えています。

事例6 「こんな身体に誰がしたか」と言われて

障害者支援施設での実践　鬼塚ゆかり（作業療法士）

「これまで」と「これから」を考える

　2年前、Fさん（53歳・男性）から、筆談で「ここまで誰がしたか（こんな身体に誰がしたか）」「施設がした」「ここにいても何もならない」「昔の家に帰りたい」という言葉を突きつけられました。Fさんの言葉は私の胸に突き刺さりましたが、そのときの私はどうすることもできませんでした。

　しかし、「動き出しは本人から」の研修を受けるなかで、あのとき語られたFさんの言葉を振り返り、「動き出しは本人から」を実践していれば、こんなつらい思いをさせることはなかったのではないかと気づき、今後に向けて一筋の光を見つけたような気持ちになりました。研修終了後の帰りの車内で、一緒に参加していた同僚と、Fさんのこと、他の利用者のこと、「これまでのケア」と「これからのケア」のことなど、さまざまなことを話しました。

　「動き出しは本人から」の取り組みを現場で実践してみると、これまで、利用者のもっているさまざまな能力を発揮する機会さえも奪っていたことや、私たちのケアのあり方について多くの気づきを得ることができました。

Fさんと職員の変化

　Fさんは知的障害があり、これまでに脳梗塞を3回発症しています。移動には車いすを使用していますが、時には押してもらうこともあります。食事や歯みがき以外のほとんどの動作に、介助を必要としています。

　まずは、ベッドからの起き上がりと車いすへの移乗について振り返ってみました。

【実践前】

① Ｆさんは、右手で手すりをつかもうとしており、起き上がることへの動き出しが現れているが、職員が気づいていない。
② 座位では後ろへ倒れてしまうため、背中を支え続けていた。
③ Ｆさんが自ら動作をする場面はなく、起こされ、座位にさせられ、車いすへ移らされ、「移乗させられた」という状態になっていた。

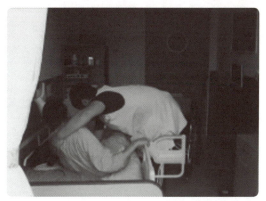

Ｆさんの右手に意思が表れているが、職員は気づいていない

これまでのかかわりを振り返ることで、これまでのケアの課題が明らかになりました。

・Ｆさんの能力を見極めることができず、「けがをさせない」ことだけに集中して、職員の力で一方的に介助していた。
・時間に追われてしまい、利用者の様子を見て、考えて、見極めてから行動に移すことができていなかった。
・職員の介護のしやすさと、安全性ばかりを考えてケアをしていた。

【実践後】

「動き出しは本人から」の取り組みのなかで、「Ｆさん、○○しますね」ではなく、「Ｆさん、○○できますか」と、まずＦさんに尋ね、その後「待つ」ということに意識を変えていきました。すると、次のような変化が現れ始めました。

①　ベッドの手すりを握り、寝返り、ベッドの外へ足を投げ出した。「起きたい」という気持ちが強いときや気分がのっているときは、足の上がりが大きくなる。

②　肘、前腕、手と重心の位置を意識できるよう、軽くトントンと叩くことで、ベッドに肘をついた後には自らの腕の力で起き上がることができた。

③　座位になり、足底をしっかりと床につける介助を行うと、自分の身体を支えるために手すりを持つ位置を変えた。少しの間、手すりを持たなくても自分の身体を支えることができた。実践前は、座れなかったのではなく、私たちが介助することで「できない人」にしてしまっていた。

④　スリッパを足元に差し出すと、麻痺側の足も健側の足も上げることができた。

⑤　臀部を少し上げ、重心を足底にのせる援助を行うことで、臀部をベッドの端にずらすことができた。

⑥　「立てますか」と尋ねると、「どうしたらいいのかわからない」と戸惑いが見られたが、⑤のときと同じ介助を行うことで、自らの足の力で立ち上がることができた。Ｆさんの力を感じると、介助者は少しずつ力を抜いた。Ｆさんの力を最大限発揮していただくため、筋力ではなくお互いの気持ちを察し合うことがとても大切だということを実感しながら学んだ。

⑦　車いすに移乗すると、自ら臀部を後ろへずらし、座り直すことができた。

Ｆさんの目線が自分の手元に向いており、自らの腕の力で起きようとしている

何度も自分の足の力で立ち、感覚をつかんだからこそ、自ら座り直すことができた

Fさんだけが「歩ける」ことを知っていた

「動き出しは本人から」を実践してから、Fさんは主体的になり、靴を購入したり、車いすで移動する際のひとこぎが大きくなったり、車いす上で体幹を安定して保てるようになったりしました。ふだんはあまり積極的ではありませんが、「動き出しは本人から」の取り組みにはとても意欲的で、職員が休み明けで出勤すると、様子を教えてくれることもありました。

4年間歩いていなかったFさんに「歩けますか」と尋ねてみると、「歩ける」と答えました。手すりにつかまって歩いてもらうと、足が内側に入って、交差してしまいますが、そこを介助すると歩くことができました！

周囲の誰もが歩けるなんて思っていませんでしたが、Fさんだけが歩けると感じていたのです。

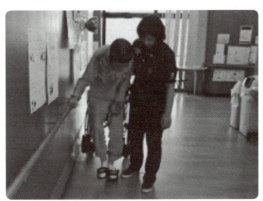

4年ぶりの歩行。「もっとできたはず…」とFさんは納得いかない表情でした

Fさんが「こんな身体に誰がしたか」という思いを伝えてくれたこと、多くの能力を発揮する機会を奪ってしまっていたと気づかせてくれたこと、さまざまな能力を残してくれていたことに感謝しています。

実践から2か月後、Fさんはリハビリテーションのために入院しました。面会に行くと「わがえ（自分の家）に帰りたい」と言います。「わがえってどこですか」と尋ねると「星空」と施設の名前を言いました。家に帰ることをあきらめてしまったのではないかという思いもありますが、「あのとき帰りたかったわがえ」に「今のわがえ」が少しでも近づけるよう、援助を続けていきたいと思います。

援助者としてのあるべき姿が見えてくる

　これまでは、利用者の本当にできることを見逃していることが多くありました。この実践で、利用者それぞれの能力を見直すきっかけになりました。

　これからも「動き出しは本人から」の取り組みを継続していくために、次の点を徹底していこうと考えています。

① 本人から動き出してもらえる声かけ
② 動き出しを見逃さない
③ 動き出しの邪魔にならない援助
④ 一つひとつの動作を意識できる声かけ
⑤ 本人の意思と能力を見極める力を高める

　これらを実践していくことで、その人らしさやその人の意思や可能性が現れ、自然に援助者としてのあるべき姿も見えてきます。これこそが本当の利用者主体の援助ではないかと考えます。これからは、職場全体に「根づかせる」ため、この実践を通して利用者とできたこと、気づいたことを実感し、自信を持ち、一緒に喜びを感じながら、"まだ見たことのない新しい動き出しの先へ"向かい続けて行きたいと考えています。

引用文献

1) 鷲田清一『「待つ」ということ』角川学芸出版、p.85、2006
2) 春日武彦『待つ力』扶桑社、p.11、2012
3) 鷲田、前掲書、p.92
4) 田口茂『現象学という思考──〈自明なもの〉の知へ』筑摩書房、p.48、2014
5) 河野哲也『意識は実在しない──心・知覚・自由』講談社、p.53、2011
6) 鴻上尚史『表現力のレッスン』講談社、pp.178-179、2005

参考文献

- 川口有美子『逝かない身体──ALS的日常を生きる』医学書院、2009
- 樋口貴広、森岡周『身体運動学──知覚・認知からのメッセージ』三輪書店、2008
- 澤口裕二『アウェアネス介助論──気づくことから始める介助論(上・下巻)』シーニュ、2011

おわりに
──スタート（動き出し）がなければ、ゴール（動作の完了）もない

　「動き出し」は、切り取って見てしまえば、意味のないわずかな動き、あるいは1枚の絵や写真（動きのないものを撮影した写真）と変わりません。しかし、「動き出し」は、動作や生活の流れのなかの大切な一場面です。その一場面がなければ、生活のほんの一部の動作であったとしても、ちょっと前（過去）からつながりませんし、ちょっと先（未来）にもつながりません。極端にいえば、生活ではなくなってしまいます。介助するということは、利用者の動きを支援することだとは思いますが、同時に利用者が進んでいる過去から未来への流れを分断するような「邪魔」をすることにもなり得ます。

　利用者が「動き出し」というスタートを切らなければ、寝返る、起き上がる、立ち上がるという動作は、利用者自身のゴールではなくなります。横を向いて寝ている状態、座っている状態、立っている状態にした、という私たち介助者のゴールに過ぎません。**利用者が「動き出し」というスタートを切れば、途中で止まっても遠回りになっても、ゴールに向かう利用者自身の動きが続いていることになります**。したがって、私たちの役割は、その流れが途切れないように、流れに乗せてもらうことになります。それが結果的に介助であり、支援になるのだと思います。

　"できる""できない"は、最後に見えてくる結果にすぎません。「動き出し」というスタートを切った利用者は、必ずゴールに向かって進んでいると信じることができるかどうか、「動き出し」に気づき、その後、どこでどう介助の手を差し伸べるかは、その場、そのときの、また個人と個人の関係性のなかでしかわかり得ないことです。「動き出しは本人から」で何が見えてくるのか、私たちの本当のスキルの違いは、そこに表れているように思います。

編著者

大堀具視（おおほり・ともみ）
日本医療大学保健医療学部リハビリテーション学科教授・作業療法士
1967年北海道生まれ。回復期リハビリテーション病院の作業療法士として11年間勤務した後、作業療法士の養成教育に従事。2013年より手稲渓仁会病院リハビリテーション部副部長。同病院勤務の傍ら、複数の介護施設、病院等にて、介護、看護、リハビリテーション職員とともに、利用者主体の介護（「動き出しは本人から」）を実践。近年では、全国で、病院・施設職員を対象にした「動き出しは本人から」の研修を行っている。

事例執筆

工藤裕美（元・手稲渓仁会病院　作業療法士）
佐伯めぐみ（元・藤井病院　作業療法士）
椛嶋洋介（介護老人保健施設聖ルカ苑　理学療法士）
長野光星（介護老人保健施設聖ルカ苑　介護福祉士）
荒木望美（元・地域密着型特別養護老人ホームピハーラまどか　介護職員）
松田智美（特別養護老人ホームひかりの園　看護師）
鬼塚ゆかり（障害者支援施設星空の里　作業療法士）

撮影協力

社会福祉法人芦別慈恵園
社会福祉法人芦別慈恵園「介護技術委員会」の皆さま

利用者の思いに気づく、力を活かす
「動き出しは本人から」の介護実践

2019年4月1日 初版発行
2021年8月20日 初版第3刷発行

編　著　大堀具視
発行者　荘村明彦
発行所　中央法規出版株式会社
　　　　〒110-0016　東京都台東区台東3-29-1　中央法規ビル
　　　　営　業　　　　TEL 03-3834-5817　FAX 03-3837-8037
　　　　取次・書店担当　TEL 03-3834-5815　FAX 03-3837-8035
　　　　https://www.chuohoki.co.jp/

印刷・製本　　長野印刷商工株式会社
本文デザイン　ISSHIKI（デジカル）
撮　影　　　　田村征吾（第3章）
イラスト　　　平のゆきこ
装　幀　　　　ISSHIKI（デジカル）

ISBN978-4-8058-5853-0
定価はカバーに表示してあります。
落丁本・乱丁本はお取り替えいたします。

本書のコピー、スキャン、デジタル化等の無断複製は、著作権法上での例外を除き禁じられています。また、本書を代行業者等の第三者に依頼してコピー、スキャン、デジタル化することは、たとえ個人や家庭内での利用であっても著作権法違反です。
本書の内容に関するご質問については、下記URLから「お問い合わせフォーム」にご入力いただきますようお願いいたします。
https://www.chuohoki.co.jp/contact/

DVD 「動き出しは本人から」の介護実践

利用者の思いに気づく、力を活かす

監修：大堀具視（日本医療大学教授）

全1巻：収録時間 122分
価格 本体12,000円（税別）
ISBN978-4-8058-5857-8
2019年4月発売

目次
- Part1 「動き出しは本人から」とは何か
- Part2 かかわり方が変わる7つの理由
- Part3 8つの基本をマスターする
- Part4 実践につながる8つのポイント
- Part5 7つの疑問に答えます

「利用者主体」「安全・安心」な介護を実践するために

「動き出しは本人から」の実践をとおして、利用者主体のかかわりとは何か、それがいかに大切で効果のあるものかについて、具体的な実践方法を織り交ぜながらお伝えします。

大堀先生によるていねいな解説、豊かな表情や力強い動きに驚かされる利用者の映像のほか、介護現場で取り組むことのできる実践演習を多数収載。介護の質を高めるための事業所内研修に最適です。

「利用者の意欲が引き出される」と、現場の実践者にも好評！

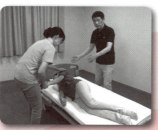

スタッフ同士で取り組むことができる実践演習

大堀先生によるわかりやすい解説

利用者の意思は「動き出し」に表れる

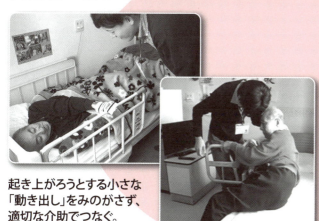

起き上がろうとする小さな「動き出し」をみのがさず、適切な介助でつなぐ。

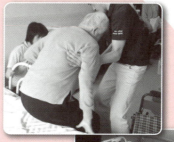

「はい、立てます」という言葉を信じて、「動き出し」を待つ。

本書の内容をDVDで学ぶことができます！